JN033186

愛をこめて、
パスタを
作りましょう！

初めましての方も、YouTubeを見てくださっているみなさんも、この本を手に取ってくださってありがとうございます。マクリ マルコです。

私はイタリアの南部カラブリア州の出身で、14歳から料理人を目指してナポリやヴェネツィア近郊の星付きレストランで修業をしました。そして今から3年前に来日し、日本のレストランで働いています。日本語の勉強もしているんですよ！

コロナによる緊急事態宣言中、時間ができたことをきっかけに、妻の力を借りてYouTubeチャンネルを開設しました。そこではパスタを中心にご家庭で手軽に作れるレシピを紹介しています。イタリアの家族と食べた思い出の味、日本で出会った食材で作る異文化パスタなど、伝統的なものからオリジナルまで、さまざまなものを作りました。そのレシピを、この本で改めて紹介させていただきます。もちろん新作もありますよ！

どれも試作を重ねて、僕も妻も「Buono！」と思ったものばかりです。みなさんのお口にも合うといいなぁ。

さあ、愛をこめて、パスタを作りましょう!!

美味しく作るために
大切な**4**つのこと

1 パスタはもちろん
アルデンテ！

イタリア語で「al dente（アルデンテ）」とは、「歯ごたえのある」という意味。denteはイタリア語の歯にあたる言葉です。この本でも「パスタをアルデンテにゆでる」と書いていますが、食感として理解するのは意外と難しいかもしれません。だから、水分がスプーン約◯杯残るまで煮るというように、なるべくていねいに紹介します。

2 パスタをゆでる
塩の量が重要

パスタをゆでるとき、お湯に適当に塩を加えていませんか？　もしそうだとしたら大間違い！　パスタのゆで汁は調味料にもなるものだから、塩はもちろん、お湯も計量しなければなりません。

私は「湯1ℓに対して塩8g」を基本にしています。ただし、材料の塩分量によって量を増減することもありますので、それぞれのレシピで必ず確認してください。

3 パスタのゆで汁は
捨てないで！

「パスタをゆでたら、ざるにあける」、そんなふうに書かれたレシピも多いのですが、ゆで汁は捨てないでください！

塩分を含んだパスタのゆで汁は調味料のひとつでもあるんです。味を調節するときに、私は必ずパスタのゆで汁を使います。だから、パスタはトングや菜箸で取り出してソースに加え、ゆで汁は捨てずにとっておくようにしましょう。

4 仕上げは
マンテカトゥーラ！

マンテカトゥーラという言葉は、初めて聞く方も多いかもしれません。ゆでたパスタをソースに加え、フライパンをあおることを意味します。マンテカトゥーラするとパスタに空気を含ませることができます。ソースも乳化しやすくなり、とろみが出て、パスタとよりからみやすくなるんです。

もし難しければ、パスタとソースをトングや菜箸で混ぜ合わせるだけでも問題ありません。イタリアのマンマもそうしています。どんなやり方のマンテカトゥーラでも、美味しいパスタになりますよ！

パスタの美味しいゆで方、教えます！

「パスタはアルデンテにゆでる」。これ、常識になっていますが、
イタリア人と日本人とでは感覚が違うように思います。
僕のやり方、ぜひ試してみてくださいね！

1 鍋にたっぷりの湯を沸かし、塩を加える

鍋はパスタを無理なく入れられる寸胴鍋のような深いものがおすすめ。ゆで汁を味つけに利用するので、塩だけでなく湯も計量しましょう。基本は湯1ℓにつき塩8gです。沸点が下がらないように塩は湯が沸いてから加えます。塩を加えてからはあまり沸騰させず、中強火くらいにします。

2 パスタを入れる

ポコポコと沸いている状態の湯にパスタを入れます。湯からはみ出したままにするのはよくないけれど、無理やり押しこまなくても大丈夫。また、湯がグラグラと沸いているほうがよいと思っている人も多いようですが、実は湯の温度は70℃で十分で、沸騰させすぎると麦の香りや香ばしさが失われるといわれています。

3 軽く混ぜる

ゆでるときは、パスタ同士がくっつかないように菜箸などで軽く混ぜてください（僕は調理用の長いピンセットを愛用。パスタを取り出すときにも混ぜるときにも使えて便利なんです）。その後は混ぜすぎないようにします。

4 パスタを引き上げ、ソースに加える

パスタがゆで上がるまでにソースをフライパンに用意しておきます。パスタは袋に表示されているゆで時間より約5分前に引き上げること、これが大切！　ざるにとったりせずに直接ソースに加え（ゆで汁もいい調味料になりますから！）、パスタを混ぜながらソースで煮込んでアルデンテにしましょう。

パスタを鍋でゆでる時間とフライパンでソースと煮込む時間の合計を、パスタに表示のゆで時間より2分短くするのがアルデンテに仕上げるコツです。メーカーによっては、表示時間とアルデンテになるまでの時間が異なる場合もあります。写真のように中心に白い芯が残っていれば、アルデンテなので、実際に確かめてみてくださいね。

この本で使う主なパスタ

おなじみのスパゲッティをはじめ、さまざまな種類がある乾燥パスタ。
イタリア産の小麦粉を使い、低温乾燥させて麦の風味を生かしたものが
良質といわれます。また、製造時に銅製の機械を使うのが伝統製法で、
麺を押し出す際に表面にざらつきができてソースがよくからみ、
食感もよいのが特徴。買い求めるとき、ちょっとこだわってみてください。

スパゲッティ

直径1.9mm程度のロングパスタ。ほどよい太さで使いやすく、トマト系、オイル系、クリーム系などのソースに種類を問わず幅広く利用できます。

リングイネ

スパゲッティよりも平たいロングパスタで、ソースがからみやすいのが特徴。本書では魚介ソースやペスト　ジェノベーゼなど、ソースに特徴があるパスタに使っています。

フェットチーネ

平たくて、リングイネより幅が広いロングパスタで、モチモチした食感が持ち味。クリーム系などの濃厚なソースを合わせたり、麺のうまみを味わうシンプルなパスタにも。

ペンネリガーテ

斜めの切り口がペン先に似ているといわれるショートパスタ。「リガーテ」は筋が入ったという意味で、筋が入っていないものよりソースがよくからみます。

パッケリ

南イタリア生まれの太い筒状のショートパスタ。ほかのパスタと同様にソースをからめたり、大きな穴の中にチーズ、ミートソースなどを詰めて味わうこともあります。

フジッリ

らせん状のユニークな形のショートパスタ。見た目のかわいらしさだけでなく、ソースがよくからむのも特徴です。サラダに使っても楽しめます。

オレキエッテ

耳たぶの形に似ていることからこの名がついたショートパスタ。イタリア語で耳のことをオレッキオと言います。少し厚みがあるのでモチモチした食感が特徴です。

リガトーニ

マカロニよりも太いショートパスタで、表面に筋が入っています。そのためソースがからみやすく、噛みごたえもあり、ボリューム感のあるパスタを作れます。

ファルファッレ

ファルファッレはイタリア語で蝶の意味。リボンにも似たかわいい形のショートパスタです。この本ではチーズをからめたシンプルなパスタに使っています。

ミスタコルタ

さまざまな形のショートパスタをミックスしたもので、基本的にはスープパスタに使用します。形や厚みが異なるので、やわらかかったりモチモチしていたり、ひと口でいろいろな食感を楽しめます。

パスタ作りに欠かせない食材

パスタだけなく、オリーブオイル、塩などの基本食材も
質のよいものを選びましょう。
シンプルなパスタほど食材のよしあしが影響し、
仕上がりの味が左右されます。

エクストラヴァージン オリーブオイル

オリーブの実を絞ったもの。一気に絞ると圧力で風味が損なわれるため、低温で少しずつ絞ったオイルがよいといわれます。加熱用のオイルは高価なものでなくてもいいですが、イタリア産がおすすめ。EXVオリーブオイルと表記しています。

チーズ

伝統的なレシピには使用するチーズが定められているほど、イタリア人にとってチーズは必要不可欠なもの。日本での鰹節や昆布などの出汁のような存在で、料理にうまみを加えてくれます。代替案も紹介していますが、そのパスタに合ったチーズを使用することで、より本場の味に近づけます。

ホールトマト缶

ホール状のトマトを使用した「Pelati（ペラーティ）」という表示のあるものを選んで。Pelatiは皮を湯むきしたという意味で、できればいくつか試して酸味が少ないものを選びましょう。カットタイプのトマト缶もありますが、うまみが詰まっているのはホールタイプ。

にんにく

ペペロンチーノなどオイル系のパスタの必需品。国産のにんにくは値段が高めですが、風味も鮮度もよいのでおすすめ。皮をむいて根元を少し切り落とし、中心の芽を必ず取り除きます。風味を強く出したいときはみじん切りに、抑えたいときは大きく切ります。

塩

精製塩ではなく、塩味がまろやかな天然塩を使います。天然塩にはマグネシウム、カリウムなどの成分が含まれているため、99.5%以上が塩化ナトリウムの精製塩に比べて塩味がまろやかで、うまみを感じられます。塩は味つけに欠かせないのでぜひこだわって。

ハーブ＆スパイス

バジルをはじめ、イタリアンパセリ、ディル、タイムなどのフレッシュハーブや、マジョラム、オレガノなどのドライハーブを使ってパスタに風味をプラス。ソースに肉や魚介類を使う場合は臭み消しにもなりますし、いつもと違うおしゃれな味を楽しめます。

この本の使い方

- 材料は基本的に2人分です。
- レシピ中の「表示のゆで時間」とは、パスタのパッケージに記載のゆで時間のことです。
- スパゲッティはゆで時間が12分のものを使用しています。
- バターは有塩バターです。
- 計量スプーンは大さじ1＝15㎖、小さじ1＝5㎖、計量カップは1カップ＝200㎖です。
- レードル1杯は約90㎖です。
- レシピには野菜を洗う、皮をむくなどは記載していませんが、下処理を行ってからお使いください。
- 火加減は特に表示がない場合、中火です。

STAFF

デザイン／細山田 光宣　狩野聡子
　　　　　（細山田デザイン事務所）
撮影／難波雄史
スタイリング／大谷優依　西村七海
調理アシスタント／三好弥生
DTP／アーティザンカンパニー
校正／文字工房燦光
編集協力／三浦良江
編集／金城麻紀

メイン具材
2個以内の
簡単パスタ

Aglio Olio e Peperoncino

スパゲッティ ペペロンチーノ

パスタをフライパンで混ぜながら煮ることで、
乳化してまろやかな口当たりに。

材料 | 2人分

スパゲッティ … 200g
EXVオリーブオイル
　… 大さじ3 ＋ 1/3（50㎖）
にんにく（芯を取ってみじん切り）
　… 2片
赤唐辛子（みじん切り）… 2本
イタリアンパセリの葉*（粗く刻む）
　… 1枝
マンテカトゥーラ用
　EXVオリーブオイル … 小さじ1
一味唐辛子 … 少々

＊ パセリの葉少々で代用可。

作り方

パスタをゆでる

1 鍋にたっぷりの湯を沸かし、湯1ℓに対して塩8g（分量外）を加え、スパゲッティをゆで始める。

ソースを作る

2 フライパンにオリーブオイル大さじ3 ＋ 1/3とにんにくを入れ、焦がさないように弱火で炒める。にんにくがきつね色になる前に、赤唐辛子と**1**のゆで汁をレードル4杯加え、沸騰させる。

パスタとソースを合わせる

3 スパゲッティを表示のゆで時間の5分前に**2**に加え、中火で混ぜながら煮る。水分が少なくなったらゆで汁をレードル1杯ずつ足し、アルデンテになるころに水分がスプーン約2杯残るようにする。

4 スパゲッティがアルデンテになったら火を止め、イタリアンパセリの葉とオリーブオイル小さじ1を加えてマンテカトゥーラし、器に盛って一味唐辛子をふる。

イタリアでは飲んだ後のシメはペペロンチーノ。
家にある食材ですぐに作れるし、
シンプルな味だから
食べられちゃうんです！

Spaghetti alle Vongole

あさりのパスタ

蒸したあさりを一度取り出すことと、
美味しい蒸し汁でパスタを煮ることがポイント。
あさりはやわらかく、パスタにはうまみが移り、本格的な味わいに。

材料 | 2人分

スパゲッティ…200g
あさり(殻つき)…500g
EXVオリーブオイル
　…大さじ2＋½（37.5㎖）
にんにく(薄切り)…2片
赤唐辛子(半分に切る)…2本
イタリアンパセリ*(茎も使用。
　葉は粗く刻む)…3枝
マンテカトゥーラ用
　EXVオリーブオイル…小さじ1

＊パセリ少々で代用可。

作り方

下準備・パスタをゆでる

1 あさりは塩水(分量外)につけて砂抜きし、洗って水気をきる。鍋にたっぷりの湯を沸かし、湯1ℓに対して塩6g(分量外)を加え、スパゲッティをゆで始める。

ソースを作る

2 フライパンにオリーブオイル大さじ2＋½、にんにく、赤唐辛子、イタリアンパセリの茎を入れ、弱火で焦がさないように炒めてオイルに香りを移す。

3 2にあさりを加えて強火にし、すぐに水を約150㎖(分量外)加え、ふたをして蒸し煮にする。だいたい口が開いたら火を止め、あさりを取り出して殻を取り除く。

パスタとソースを合わせる

4 フライパンに残ったあさりの汁をこし、フライパンに戻して沸騰させる。スパゲッティを表示のゆで時間の5分前にフライパンに加え、中火で混ぜながら煮る。水分が少なくなったらゆで汁をレードル1杯ずつ足し、アルデンテになるころに水分がスプーン約3杯残るようにする。

5 スパゲッティがアルデンテになったら火を止め、イタリアンパセリの葉、あさりの身、オリーブオイル小さじ1を加えてマンテカトゥーラし、器に盛る。

美味しさの秘訣

あさりは火を通しすぎると脱水してかたくなってしまうので、口が開いたら取り出します。

Spaghetti al Pomodoro

｜トマトのスパゲッティ｜

4つの材料でトマトソースを作れるうえに、長く煮込まなくてOK。
トマトの酸味が気になったら、最後にバターを加えるとまろやかになります。

材料｜2人分

スパゲッティ… 200g

ホールトマト（ヘタを取って軽く
　　つぶす）… 1缶（400㎖）

EXVオリーブオイル
　　… 大さじ3（45㎖）

にんにく（薄切り）… 1片

塩… 3g

バジルの葉（4等分にちぎる）
　　… 6枚

美味しさの秘訣

ホールトマトにヘタが
残っている場合は、取
り除くことで口当たり
がよくなります。

作り方

ソースを作る・パスタをゆでる

1 鍋にたっぷりの湯を沸かし、湯1ℓに対して塩8g
（分量外）を加える。フライパンにオリーブオイル
とにんにくを入れて火にかけ、弱火で焦がさないよ
うに炒め、ホールトマト、塩を加えて中火で煮る。

2 **1**の湯でスパゲッティをゆで始める。トマトソース
が沸騰したら、にんにくを取り出し、ゆで汁をレー
ドル2杯加えて中火で5分ほど煮る。

パスタとソースを合わせる

3 スパゲッティを表示のゆで時間の5分前に**2**のソー
スに加え、アルデンテになるまでときどき混ぜなが
ら煮る。水分が少なくなったら**2**のゆで汁をレード
ル1杯ずつ足し、アルデンテになるころにソースが
軽く煮詰まっているようにする。

4 火を止め、バジルの葉を加えてマンテカトゥーラし、
器に盛ってお好みでバジルの葉（分量外）を添える。

ホールトマトの酸味が強いときは、マ
ンテカトゥーラの直前にバター20gを
加える、または、作り方**1**でにんにく
を炒めた後に玉ねぎのみじん切り30g
を加えると、まろやかになりますよ！

Pasta alla Pecorara

｜羊飼いの卵パスタ｜

かつて羊飼いが食べたといわれるパスタで、卵黄に羊のチーズを合わせます。
黒こしょうはフライパンで煎ると、香ばしさや風味がアップ！

材料｜2人分

スパゲッティ … 200g
卵黄 … 4個分
ペコリーノ・ロマーノ*
　（すりおろす）… 70g
塩 … 1g
粒黒こしょう … 2g

＊ パルミジャーノ・レッジャーノや粉チ
　ーズで代用可。

美味しさの秘訣

黒こしょうを使う直前
に軽く煎ることで、香
りが豊かになります。

作り方

パスタをゆでる

1 鍋にたっぷりの湯を沸かし、湯1ℓに対して塩5g
（分量外）を加え、スパゲッティをゆで始める。

ソースを作る

2 黒こしょうはフライパンで軽く煎って香りを立たせ、
すり鉢に移してすりつぶす。フライパンに戻し、**1**
のゆで汁をレードル3杯加えて沸騰させる。

3 ボウルに卵黄、ペコリーノ・ロマーノ、塩を入れ、
ゴムベラでよく混ぜる。**1**のゆで汁を大さじ1加え、
さらに混ぜる。

パスタとソースを合わせる

4 スパゲッティを表示のゆで時間の半分ほどゆでたら
2のフライパンに加えて煮る。水分が少なくなった
らゆで汁をレードル1杯ずつ足し、アルデンテにな
るころに水分がスプーン約3杯残るようにする。

5 アルデンテになったら火を止め、フライパンをあお
ってスパゲッティの温度を少し下げ、**3**を加えてマ
ンテカトゥーラする。器に盛り、すりつぶした粒黒
こしょう適量（分量外）をふる。

コーンスターチを入れることで、
誰でも簡単に乳化したソースを作れます。
こしょうの刺激が効いていて、
大人の味。

Cacio e Pepe

絶対に失敗しないカチョエペペ

材料｜2人分

スパゲッティ … 200g
ペコリーノ・ロマーノ
　（すりおろす）… 120g
黒こしょう（できれば粒）… 4g
A｜コーンスターチ … 4g
　｜水 … 200㎖

美味しさの秘訣

ペコリーノは塩気が強いチーズなので、パスタをゆでる塩の量はほかのレシピより控えめに。薄味が好みなら、塩を入れずにゆでて仕上げに味をみてから塩を加えると◎

作り方

下準備・パスタをゆでる

1 鍋にたっぷりの湯を沸かし、湯1ℓに対して塩3g（分量外）を加える。黒こしょうは粒ならフライパンで軽く煎って香りを立たせ、すり鉢に移して粗くすりつぶす。

2 **1**の湯でスパゲッティをゆで始める。

ソースを作る

3 フライパンに**A**を入れて混ぜながら沸騰させ、ペコリーノ・ロマーノを加えて混ぜる。これをミキサーにかけて完全に溶かし、クリーム状にする。

4 空いたフライパンに**2**のゆで汁をレードル3杯入れて沸騰させ、黒こしょうを加える。スパゲッティが表示のゆで時間の5分前になったら加え、混ぜながら煮て、水分が少なくなったらゆで汁をレードル1杯足し、アルデンテになるころに水分がスプーン約4杯残るようにする。

パスタとソースを合わせる

5 スパゲッティがアルデンテになったら**3**を加え、なじむまで中火で少し煮る。火を止め、マンテカトゥーラして器に盛り、すりつぶした粒黒こしょう適量（分量外）をふる。

Spaghetti alla Corte d'assisi
┃裁判所のパスタ┃

かつてある料理人が裁判長のために作ったことが名前の由来。
ピリッと辛いトマトソースにチーズのコクをたっぷり加えるのが特徴です。

（材料｜**2人分**）

スパゲッティ… 200g
ホールトマト（ヘタを取って軽くつぶす）… 400g
赤唐辛子（みじん切り）… 2本
EXVオリーブオイル… 大さじ2＋½（37.5㎖）
にんにく（芯を取ってみじん切り）… 1片
塩… 3g
イタリアンパセリの葉*（粗く刻む）… 1枝
パルミジャーノ・レッジャーノ**（すりおろす）… 40g

　* パセリの葉少々で代用可。
**ペコリーノ・ロマーノや粉チーズで代用可。

（作り方）

パスタをゆでる

1　鍋にたっぷりの湯を沸かし、湯1ℓに対して塩8g
　　（分量外）を加え、スパゲッティをゆで始める。

ソースを作る

2　フライパンにオリーブオイルとにんにくを入れ、焦
　　がさないように弱火で炒める。ホールトマト、赤唐
　　辛子、塩を加え、中火でスパゲッティがゆで上がる
　　まで煮る。

パスタとソースを合わせる

3　スパゲッティが表示のゆで時間の5分前になったら
　　2に加え、ゆで汁をレードル2杯加え、混ぜながら
　　アルデンテになるまで煮る。途中で水分が少なくな
　　ったらゆで汁をレードル1杯ずつ足し、アルデンテ
　　になるころにソースが軽く煮詰まっているようにす
　　る。

4　火を止めてイタリアンパセリの葉、パルミジャー
　　ノ・レッジャーノを加え、マンテカトゥーラして器
　　に盛り、イタリアンパセリ少々（分量外）をのせる。

Aglio Olio Peperoncino e Mizuna
シャキシャキ水菜の
ペペロンチーノ

おなじみのペペロンチーノに水菜を加えて新鮮な味に。
仕上げに一味唐辛子をふりかけると、味のアクセントに。

材料 | 2人分

スパゲッティ…200g
水菜（5cm長さに切る）…120g
EXVオリーブオイル
　…大さじ3＋⅓（50㎖）
にんにく（芯を取ってみじん切り）
　…大1片（15g）
赤唐辛子（みじん切り）…1本
マンテカトゥーラ用
　EXVオリーブオイル…小さじ1
一味唐辛子…適量

美味しさの秘訣

鮮やかな色と歯ごたえを残すために、
水菜は仕上げに加えます。

作り方

パスタをゆでる

1 鍋にたっぷりの湯を沸かし、湯1ℓに対して塩8g（分量外）を加え、スパゲッティをゆで始める。

ソースを作る

2 フライパンにオリーブオイル大さじ3＋⅓、にんにくを入れ、弱火で焦がさないように炒める。赤唐辛子と**1**のゆで汁をレードル3杯加え、沸騰させる。

3 スパゲッティを表示のゆで時間の半分ゆでたら、**2**のフライパンに入れる。混ぜながら煮て、アルデンテになるころにゆで汁がスプーン約2杯残るようにする。

水菜を加えて仕上げる

4 **3**がアルデンテになる1分前に水菜を加え、アルデンテになったら火を止める。オリーブオイル小さじ1を加えてマンテカトゥーラし、器に盛って一味唐辛子をふる。

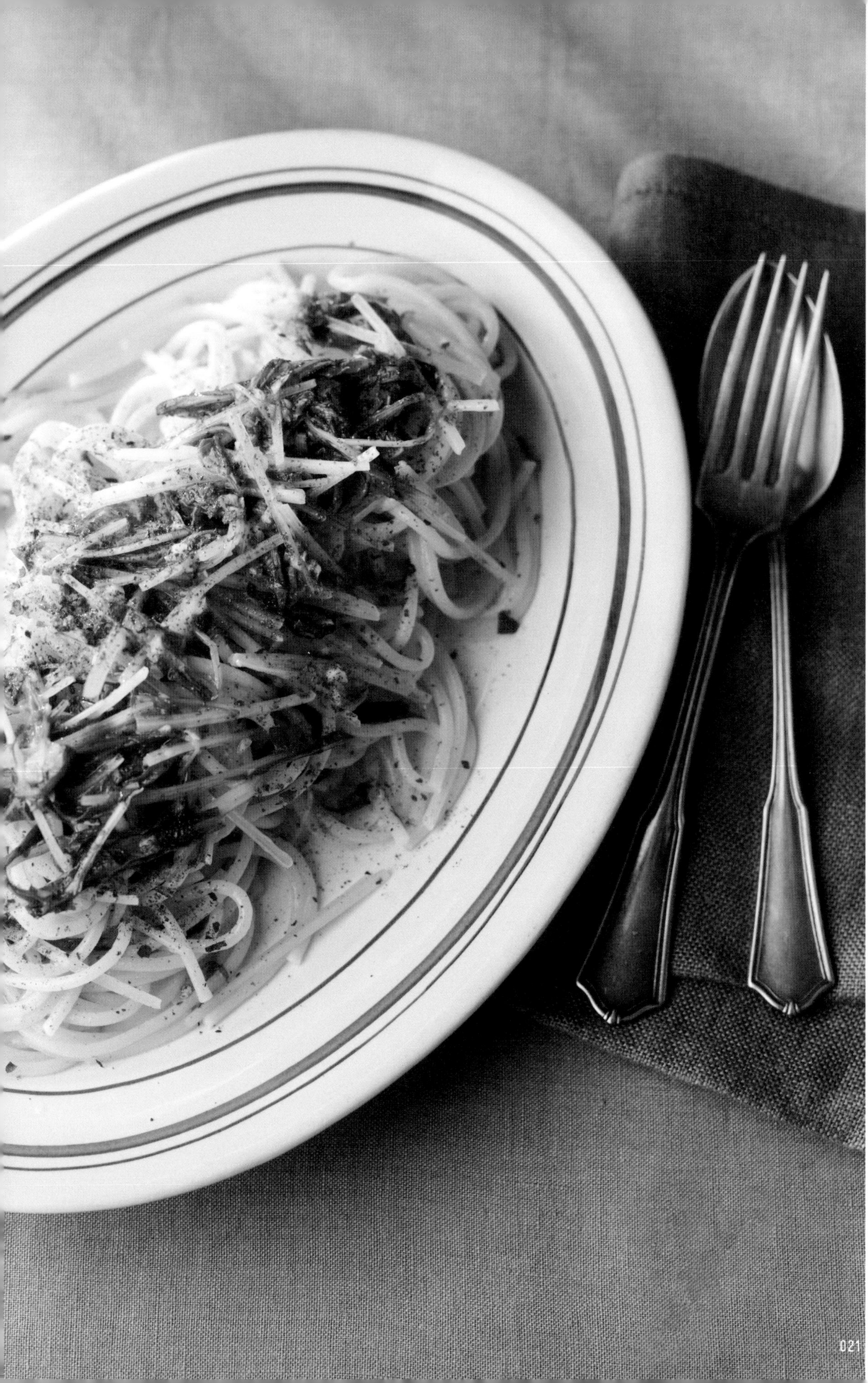

上品な鯛のうまみでペペロンチーノをランクアップ！
小松菜は火を通しすぎず、食感も楽しんで。

Spaghetti con Dentice e Komatsuna

鯛と小松菜のペペロンチーノ

材料 | 2人分

スパゲッティ… 200g
鯛（切り身）… 100g
A | EXVオリーブオイル … 小さじ1
   | 塩 … 1g
小松菜（5cm長さに切る）… 100g
EXVオリーブオイル
  … 大さじ3＋⅓（50㎖）
にんにく（芯を取ってみじん切り）
  … 大1片（15g）
赤唐辛子（種ごとみじん切り）… 1本
一味唐辛子 … 少々

美味しさの秘訣

鯛は皮ごと角切りにすると、炒めても形が
くずれず、皮の香ばしさも楽しめます。

作り方

下準備・パスタをゆでる

1 鍋にたっぷりの湯を沸かし、湯1ℓに対して塩8g（分量外）を加え、スパゲッティをゆで始める。鯛は皮ごと1〜1.5cm角に切り、よく混ぜた**A**に5分ほど漬ける。

ソースを作る

2 フライパンにオリーブオイル大さじ3＋⅓、にんにくを入れ、弱火で焦がさないように炒める。赤唐辛子と**1**のゆで汁をレードル2杯加え、沸騰させる。

パスタとソースを合わせる

3 スパゲッティを表示のゆで時間の半分ゆでたら、**2**に加える。水分が少なくなったら**1**のゆで汁をレードル1杯ずつ加えて混ぜながら煮て、アルデンテになるころに水分がスプーン約2杯残るようにする。

4 アルデンテになる1分前に鯛を加え、アルデンテになったら小松菜を加えて軽く混ぜる。残っている水分がスプーン約2杯になったら火を止めてマンテカトゥーラし、鯛に火が通ったら器に盛り、一味唐辛子をふる。

さっぱりしたリコッタチーズを
レモンの香りでよりさわやかに。
フレッシュ感を保つために、
チーズには火を通しすぎない
ことがポイント。

Pasta e Ricotta
｜ リコッタチーズのパスタ ｜

材料 ｜ 2人分

スパゲッティ … 200g
リコッタチーズ … 200g
レモンの皮 (すりおろす) … 1個分
塩 … 2g
粒黒こしょう (すりつぶす) … 1g

リコッタチーズは、フ
ライパンに押しつける
ようにしてつぶします。

作り方

パスタをゆでる

1 鍋にたっぷりの湯を沸かし、湯1ℓに対して塩8g
(分量外) を加え、スパゲッティをゆで始める。

チーズを溶かす

2 フライパンに**1**のゆで汁レードル1杯とリコッタチ
ーズを入れ、火はつけずにゴムベラでチーズをつぶ
しながら溶かす。溶けたら塩を加える。

パスタとソースを合わせる

3 スパゲッティを表示のゆで時間の5分前に**2**のフラ
イパンに加え、レモンの皮も加えて火にかけないま
まマンテカトゥーラする (ソースがかたく感じたら、
ゆで汁をスプーン1杯ずつ加えて調整する)。

4 器に盛り、黒こしょうをかける。

Penne all' arrabbiata

ペンネ
アラビアータ

トマトのうまみと唐辛子の辛さが特徴で、
「怒りん坊のパスタ」ともいわれます。
辛いものが好きなら、唐辛子を種ごと使って思いっきり辛さを楽しんで。

材料｜2人分

ペンネリガーテ … 200g
ホールトマト（ヘタを取って軽くつ
　ぶす）… 400g
赤唐辛子*（みじん切り）… 3本
EXVオリーブオイル
　… 大さじ3＋1/3（50㎖）
にんにく（芯を取ってみじん切り）
　… 2片
塩 … 3g

＊辛さが特徴のパスタなので量は
お好みで。

作り方

パスタをゆでる

1 鍋にたっぷりの湯を沸かし、湯1ℓに対
して塩8g（分量外）を加え、ペンネリガ
ーテをゆで始める。

ソースを作る

2 フライパンにオリーブオイル、にんにく
を入れ、弱火で焦がさないように炒める。

3 **2**にホールトマト、赤唐辛子、塩を加え、
1がゆで上がるまで中火で煮詰める。焦
げつかないようにときどき混ぜる。

パスタとソースを合わせる

4 ペンネリガーテがアルデンテになったら
3に加え、**1**のゆで汁をレードル1～2杯
加えて2分煮て、マンテカトゥーラして
器に盛る。

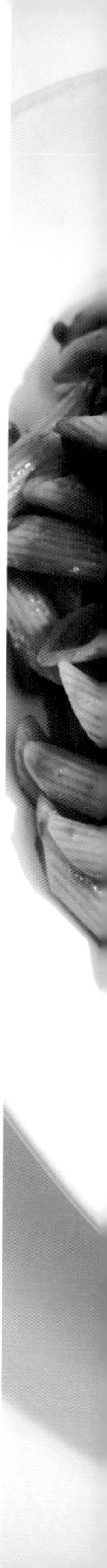

Linguine con le Cozze

ムール貝のパスタ

味つけは、ムール貝からあふれ出るうまみだけ。
ムール貝とミニトマトの甘酸っぱさのバランスがいいひと皿です。

【材料｜2人分】

リングイネ … 200g
ムール貝 … 500g（約15個）
ミニトマト*（ヘタを取る）… 90g
赤唐辛子 … 1本
EXV オリーブオイル … 大さじ3＋⅓（50mℓ）
にんにく（薄切り）… 1片
塩 … 適量
イタリアンパセリ**（茎も使用。葉は粗く刻む）… 3枝
マンテカトゥーラ用EXVオリーブオイル … 小さじ1

 * ミニトマトは縦長タイプがおすすめ。
**パセリ少々で代用可。

【作り方】

下準備

1 ムール貝は足糸（ヒゲのようなもの）を引き抜き、流水で貝同士をこすり合わせてよく洗う（殻が開いたり、割れていたり、悪臭がするものは取り除く）。鍋にたっぷりの湯を沸かし、湯1ℓに対して塩6g（分量外）を加える。

ソースを作る

2 フライパンにオリーブオイル大さじ3＋⅓、にんにく、イタリアンパセリの茎を入れ、焦がさないように弱火で炒めてオイルに香りを移す。

3 **2**にミニトマトと赤唐辛子を加えて少し炒め、ムール貝をそっと入れる。強火にし、すぐにふたをして3分ほど蒸し焼きにする。貝が開いたら火を止め、具をすべて取り出す。

パスタをゆで、ソースと合わせる

4 **1**の湯でリングイネをゆでる。**3**のフライパンに残った汁をこし、フライパンに戻して沸騰させ、リングイネを表示のゆで時間の5分前に加え、混ぜながらアルデンテになるまで中火で煮る。途中で水分が少なくなったらパスタのゆで汁をレードル1杯ずつ足し、アルデンテになるころに水分がスプーン約3杯残るようにする。

5 火を止め、ムール貝、ミニトマト、イタリアンパセリの葉、オリーブオイル小さじ1を加えてマンテカトゥーラし、塩で味を調えて器に盛る。

ムール貝の足糸は、貝のとがったほうを下にして手に持ち、上に向かって白い部分まで引き抜きます。

タワシなどで汚れを落とし、水洗いして使いましょう。

美味しさの秘訣

貝は身がかたくならないように、途中で取り出します。食べやすいように殻を取ってあげるのは、マルコのやさしさ。

Ragù di Sarde Veloce

いわしの即席ラグー

シチリアなど、イタリア南部でよく使われるいわしをトマト味のソースに。
軽く煮るだけで作れるので、とってもお手軽。

材料｜2人分

リングイネ … 200g

いわし（三枚おろし・3cm幅に切る）
　… 200g

ホールトマト（ヘタを取って軽くつ
　ぶす）… 360g

EXVオリーブオイル
　… 大さじ2＋½（37.5㎖）

にんにく（つぶす）… 1片

塩 … 1g

イタリアンパセリの葉*（粗く刻む）
　… 2枝

マンテカトゥーラ用
　EXVオリーブオイル … 小さじ1

＊ パセリの葉少々で代用可。

作り方

下準備

1　鍋にたっぷりの湯を沸かし、湯1ℓに対
して塩8g（分量外）を加える。

ソースを作る・パスタをゆでる

2　フライパンにオリーブオイル大さじ2＋
½とにんにくを入れ、弱火で焦がさな
いように炒める。にんにくの香りがオイ
ルに移ったら、ホールトマト、塩を加え
て沸騰させる。

3　2にいわしを加え、5分煮る。1の湯で
リングイネをゆで始める。

パスタとソースを合わせる

4　3のソースからにんにくを取り出し、リ
ングイネがアルデンテになったら加える。
イタリアンパセリの葉、オリーブオイル
小さじ1を加え、マンテカトゥーラして
器に盛る。

美味しさの秘訣

イタリアンパセリを刻
むことで香りが際立ち、
いわしのクセを抑えて
くれます。

Fettuccine Alfredo

フェットチーネ アルフレド 黄金のパスタ

たっぷりのパルミジャーノとバターだけで作るパスタは、
手軽なのに濃厚な味わい。ぜひ手打ちパスタで作ってみてください!

材料 | 2人分

フェットチーネ (手打ちパスタ・
　P110〜111参照) … 200g
バター… 60g
パルミジャーノ・レッジャーノ
　… 90g
塩… 1g

作り方

下準備・パスタをゆでる

1 パルミジャーノ・レッジャーノはすりおろす。

2 鍋にたっぷりの湯を沸かし、湯1ℓに対して塩8g (分量外) を加え、フェットチーネを3分ほどゆでる。

ソースを作る

3 フライパンに**2**のゆで汁をレードル1杯、塩、バターを入れて火にかけ、バターが溶けてきたら火を止める。

パスタとソースを合わせる

4 フェットチーネがアルデンテになったら**3**に加え、パルミジャーノ・レッジャーノも加え、マンテカトゥーラして器に盛る。

マルコのお母さんが忙しいときに、
お父さんが作ってくれた思い出の味。
火を止めてからチーズを入れて、
溶かしすぎないようにするのがポイント。

Omaggio a Papà Vincenzo

┃マルコのお父さんのチーズパスタ┃

材料 | 2人分

ファルファッレ* … 200g
パルミジャーノ・レッジャーノ**
　（すりおろす）… 60g
EXVオリーブオイル
　… 小さじ4（20mℓ）
粒黒こしょう（粗くつぶす）
　… ひとつまみ

* ほかのショートパスタでもOK。
**ペコリーノ・ロマーノや粉チー
　ズで代用可。

作り方

パスタをゆでる

1　鍋にたっぷりの湯を沸かし、湯1ℓに対して塩8g（分量外）を
　加え、ファルファッレをゆで始める。

2　フライパンに1のゆで汁をレードル2杯入れて沸騰させる。ファ
　ルファッレを表示のゆで時間の5分前に引き上げて加え、とき
　どき混ぜながら煮る。水分が少なくなったら1のゆで汁をレー
　ドル1杯ずつ足し、アルデンテになるころに水分がスプーン
　約2杯残るようにする。

味つけする

3　アルデンテになったら火を止め、フライパンをあおってファル
　ファッレの温度を少し下げ、パルミジャーノ・レッジャーノ
　40gとオリーブオイルを加え、チーズが完全に溶けない程度に
　マンテカトゥーラする。

4　器に盛り、パルミジャーノ・レッジャーノ20gと黒こしょうを
　ふり、オリーブオイル少々（分量外）をかける。

素朴でやさしい味わいで、
一つの鍋で作れるからラクチン!
ローリエには切れ目を入れると、
香りが引き立ちますよ。

Omaggio a Mamma Rosa

マルコのお母さんの
レンズ豆のパスタ

材料 | 2人分

ミスタコルタ … 80g
レンズ豆（乾燥）… 120g
にんじん（5mm角に切る）… ½本分（50g）
A | ローリエ … 2枚
　　| 水 … 1ℓ
EXVオリーブオイル … 大さじ2＋½ （37.5mℓ）
塩 … 10g

ミスタコルタが手に入らなかったら、
折れたり余ったりしている
スパゲッティやリングイネを
3〜4cmに折って使うといいですよ！

作り方

スープを作る

1　鍋にレンズ豆と**A**を入れて火にかけ、沸騰
　したら弱火にして豆がやわらかくなるまでゆ
　で、塩を加える。
2　別の鍋にオリーブオイルとにんじんを入れて
　弱火で炒め、やわらかくなったら**1**をゆで汁
　ごと加える。

パスタを加えて煮る

3　**2**が沸騰したらミスタコルタを加え、ときど
　き混ぜながらゆでる。アルデンテになったら、
　ふたをして 2〜3分おき、器に盛る。お好み
　でオリーブオイル小さじ1（分量外）をかけて
　もよい。

Pasta e Patate

じゃがいものパスタ

スープ代わりになり、野菜とパスタだけのあっさりした味。
じゃがいもは少し煮くずれさせて、とろみを出すのがおすすめ。

材料 | 2人分

ミスタコルタ … 80g
じゃがいも（1.5cmの角切り）
　… 2個（皮をむいて200g）
玉ねぎ（みじん切り）
　… ⅓個（90g）
EXVオリーブオイル
　… 大さじ2＋½（37.5㎖）
ローリエ … 2枚
水 … 600㎖
塩 … 3g
パルミジャーノ・レッジャーノ*
　（すりおろす）… 20g

* ペコリーノ・ロマーノや粉チーズ
　で代用可。

作り方

スープを作る

1 鍋にオリーブオイルと玉ねぎを入れ、弱火で焦がさないように5分ほど炒める。

2 1にじゃがいもを加えて軽く炒め、ローリエ、水、塩を加えてふたをし、軽く沸騰している状態でじゃがいもがやわらかくなるまでゆでる。

パスタを加えて煮る

3 じゃがいもが少し煮くずれるくらいになったらミスタコルタを加え、焦げつかないようにときどき鍋の底から混ぜながら煮る。アルデンテになったら火を止め、ふたをして2〜3分おく（こうすることでとろみが出て、温度が下がり食べやすくなる）。

4 パルミジャーノ・レッジャーノを加えて軽く混ぜて器に盛る。お好みでパルミジャーノ・レッジャーノや粉チーズ（分量外）をかける。

美味しさの秘訣

じゃがいもは大きさにばらつきがあるほうが、食感に変化があって美味しい！

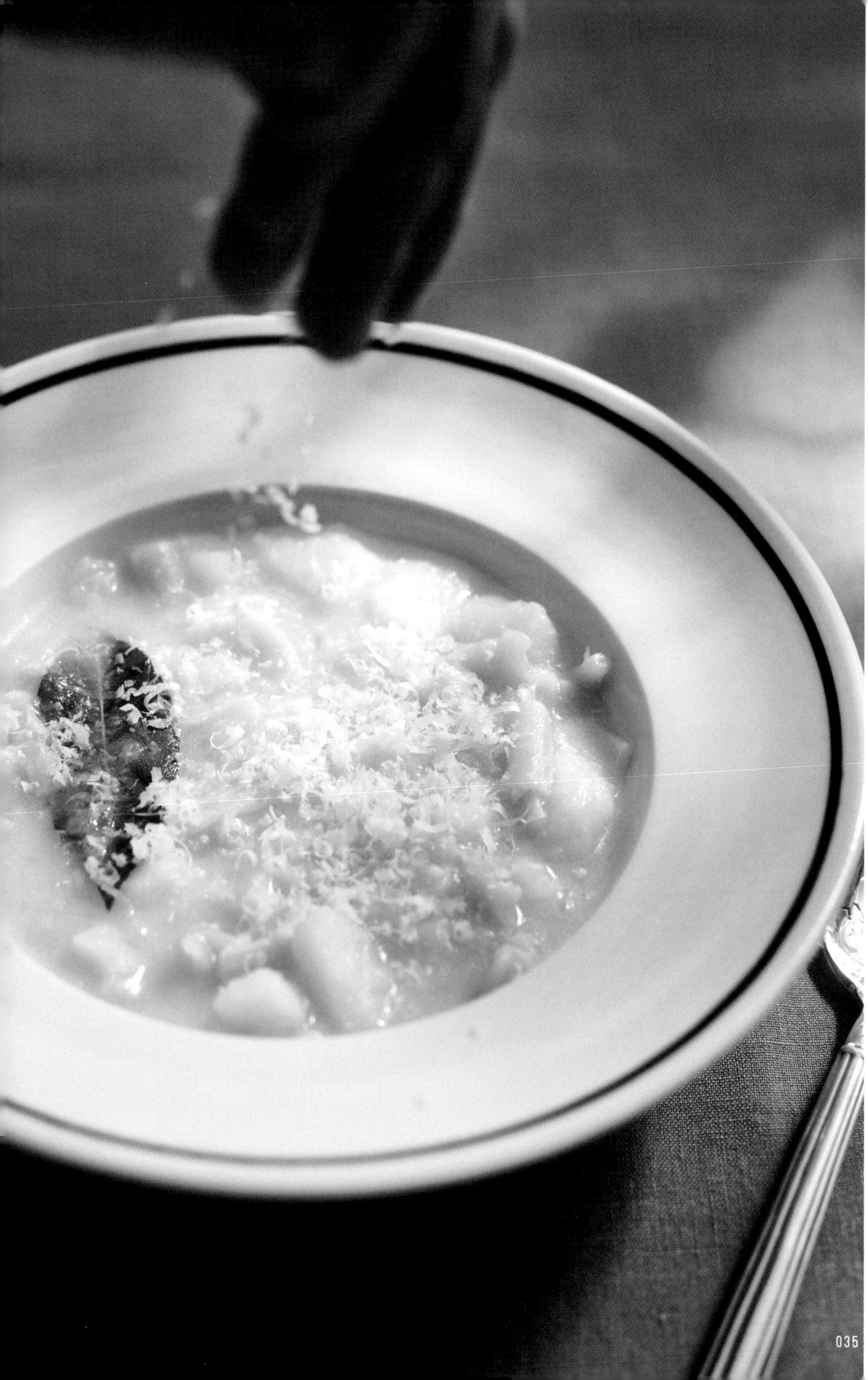

イタリア料理を紹介する
YouTubeをやってます！

　YouTubeの「きょう何たべよ」というチャンネルでレシピを紹介し始めて、4年目に突入しました！仕事が休みの日に4本の動画を撮影し、週2回アップするペースです。200万回以上見てもらえたのは、この本でも紹介している手打ちパスタのショート動画。これを見て、「パスタマシーンを買って作ってみました、美味しかった！」という声が本当に多いんです。

　いつも思うのは、イタリアと日本の食文化のよいところを取り入れたレシピをたくさん紹介したいということ。あえて言うなら"異文化交流パスタ"でしょうか!? イタリアの定番の味を紹介するのはもちろん、「たこと万願寺唐辛子のフェットチーネ（P57）」のような日本の食材を取り入れたパスタも紹介したい。味つけにしょうゆや魚醤を使ったりすることもあるんですよ。日本のみなさんの舌に合わせてトマトの酸味を抑えるなど、味の工夫も試みています。今後のYouTubeも楽しみにしてくださいね！

CAPITOLO

2

スーパーの
食材で作れる
本格パスタ

Spaghetti con Tonno in Salsa

｜ツナとトマトのパスタ｜

ソースはしっかり煮詰めてうまみを凝縮。
5分ほど煮るだけで、素材の味が溶けこみます。

材料 ｜ 2人分

スパゲッティ … 200g
玉ねぎ（薄切り）… 100g
ツナ缶（油漬け）… 2缶（140g）
ホールトマト（ヘタを取って軽くつぶす）… 400g
EXVオリーブオイル … 大さじ2＋½（37.5mℓ）
ローリエ … 2枚
塩 … 3g
マンテカトゥーラ用EXVオリーブオイル … 小さじ1

作り方

パスタをゆでる

1 鍋にたっぷりの湯を沸かし、湯1ℓに対して塩8g（分量外）を加え、スパゲッティをゆで始める。

ソースを作る

2 フライパンにオリーブオイル大さじ2＋½と玉ねぎを入れ、弱火で焦がさないように炒める。しんなりしてきたら、油をきったツナ、ホールトマト、ローリエ、塩を加え、スパゲッティがゆで上がるまで強火で5分ほど、ときどき混ぜながら煮詰める。

パスタとソースを合わせる

3 スパゲッティを表示のゆで時間の5分前に **2** に加えて火を止める。オリーブオイル小さじ1を加えてマンテカトゥーラし、器に盛る。

Carbonara

｜カルボナーラ｜

生クリームは加えないのが本場のカルボナーラ。
パンチェッタをカリカリにすることで、食感も楽しんで。

材料 | 2人分

スパゲッティ … 200g
パンチェッタ*（1cm角の棒状に
　切る）… 140g
卵黄 … 4個分
ペコリーノ・ロマーノ
　（すりおろす）… 60g
粒黒こしょう（粗くつぶす）… 3g

* ブロックベーコンで代用可。

美味しさの秘訣

パンチェッタの皮に黄
色く変色している脂が
あれば取り除きましょ
う。

作り方

下 準 備

1　鍋にたっぷりの湯を沸かし、湯1ℓに対して塩5g
　　（分量外）を加える。

2　フライパンをよく熱し、強火でパンチェッタを炒め
　　る（ブロックベーコンを使う場合はオリーブオイル
　　をスプーン1杯入れる）。カリカリになってきたら
　　弱火にする。

ソースを作る

3　**2**を炒めている間に、ボウルに卵黄とペコリーノを
　　入れてよく混ぜ、**1**の湯大さじ1と黒こしょうを加え、
　　ゴムベラでペースト状になるまで混ぜる。

4　パンチェッタがカリカリになったらボウルに取り出
　　し、出てきた脂大さじ1も加える。残りの脂は捨てる。

パスタをゆで、ソースと合わせる

5　**1**の湯でスパゲッティをゆで始める。

6　空いたフライパンに**5**のゆで汁をレードル3杯入れ
　　て沸騰させる。スパゲッティを表示のゆで時間の半
　　分までゆでたらフライパンに加え、アルデンテにな
　　るまで中火で煮る。水分が少なくなったら、ゆで汁
　　をレードル1杯ずつ足し、アルデンテになるころに
　　スプーン約3杯の水分が残るようにする。

7　**3**のソースと**4**を**6**に加えてマンテカトゥーラし
　　（ソースがかたければゆで汁でのばす）、器に盛る。

イタリアでは、カルボナーラ、グリーチャ、ア
マトリチャーナを作るときには必ずグアンチャ
ーレ（塩漬けして熟成させた豚のほほ肉）を使
用します。
グアンチャーレを取り扱うスーパーは限られる
ので代替案（パンチェッタやベーコン）を紹介
していますが、ぜひ一度は正統な材料をそろえ
て、本場の味に挑戦してほしいです！

Spaghetti con Tonno Cipolla Rossa e Origano

ツナと赤玉ねぎのパスタ

カラブリアの夏の定番、ツナと赤玉ねぎのサラダ風パスタ。
赤玉ねぎを焦がさないように炒め、甘みを引き出します。

材料｜2人分

スパゲッティ … 200g
ツナ缶（油漬け）… 2缶（140g）
赤玉ねぎ*（薄切り）… 150g
EXVオリーブオイル
　… 大さじ3＋⅓（50mℓ）
塩 … 1g
オレガノ（ドライ）… ふたつまみ
マンテカトゥーラ用
　EXVオリーブオイル … 小さじ1

＊玉ねぎで代用可。

作り方

下準備

1 鍋にたっぷりの湯を沸かし、湯1ℓに対して塩8g（分量外）を加える。フライパンにオリーブオイル大さじ3＋⅓、赤玉ねぎ、塩を入れ、弱火で色をつけないように5分ほど炒める。

パスタをゆでる

2 1の湯でスパゲッティをゆで始める。

パスタとソースを合わせる

3 1のフライパンにオレガノを加え、すぐに2のゆで汁をレードル2杯入れて沸騰させる。スパゲッティを表示のゆで時間の5分前に引き上げてフライパンに加え、混ぜながら煮る。水分が少なくなったら、ゆで汁をレードル1杯ずつ足し、アルデンテになるころにスプーン約3杯の水分が残るようにする。

4 アルデンテになったらツナの油をよくきって加え、火を止める。オリーブオイル小さじ1を加えてマンテカトゥーラし、器に盛ってオレガノ少々（分量外）をふる。

Gricia
グリーチャ

卵なしのカルボナーラといわれるグリーチャ。
コーンスターチを使うことで
チーズソースがダマにならず、口当たり◎！

材料 | 2人分

スパゲッティ … 200g

パンチェッタ*（1cm角の棒状に切る）
　… 120g

ペコリーノ・ロマーノ（すりおろす）… 50g

パルミジャーノ・レッジャーノ**
　（すりおろす）… 20g

A｜コーンスターチ … 4g
　｜水 … 200㎖

粒黒こしょう（軽く煎ってつぶす）… 2g

　* ベーコンで代用可。
　**ペコリーノ・ロマーノで代用可。

ベーコンを使う場合は、
パンチェッタより
脂が少なくフライパンに
くっつきやすいので、
オリーブオイルをスプーン
1杯入れて炒めてください！

作り方

具を炒め、ソースを作る

1 フライパンをよく熱し、パンチェッタを強火で炒める。カリカリになってきたら弱火にしてさらによく炒め、脂ごと皿などに取り出す。

2 1で空いたフライパンにAを入れて沸騰させ、ペコリーノ・ロマーノ、パルミジャーノ・レッジャーノと一緒にミキサーにかけ、チーズを完全に溶かしてクリーム状にする。

パスタをゆで、ソースと合わせる

3 鍋にたっぷりの湯を沸かし、湯1ℓに対して塩4g（分量外）を加え、スパゲッティをゆで始める。

4 2で空いたフライパンに3のゆで汁をレードル2杯入れて沸騰させ、スパゲッティを表示のゆで時間の5分前に加える。混ぜながら煮て、水分が少なくなったらゆで汁をレードル1杯ずつ足し、アルデンテになるころにスプーン約4杯の水分が残るようにする。

5 アルデンテになったら黒こしょう、2のソース、1を脂ごと加え、なじむまで中火で少し煮る。火を止めて軽くマンテカトゥーラし、器に盛る。

ズッキーニの産地、
南イタリアのネラーノが発祥のパスタ。
素揚げでズッキーニの甘みを引き出し、
バジルでさわやかさをプラス。

Spaghetti alla Nerano

ネラーノ風スパゲッティ

材料 ｜ 2人分

スパゲッティ … 200g

ズッキーニ（5mm幅の輪切り）
　… 2本（250g）

A｜バジルの葉（5〜6等分に
　　　ちぎる）… 7枚
　　粒黒こしょう（つぶす）
　　　… 2g
　　塩 … 3g

EXVオリーブオイル
　… 大さじ2（30mℓ）

にんにく（つぶす）… 1片

ペコリーノ・ロマーノ*
　（すりおろす）… 30g

揚げ油（ひまわり油または
　サラダ油）… 適量

＊パルミジャーノ・レッジャーノ
　や粉チーズで代用可。

作り方

下準備

1　鍋にたっぷりの湯を沸かし、湯1ℓに対して塩8g（分量外）を
　加える。

2　揚げ油を170℃に熱し、ズッキーニを素揚げにする。少し色づ
　いたらペーパータオルに取って油をきり、ボウルに移してA
　を混ぜる。

パスタをゆで、ソースを作る

3　1の湯でスパゲッティをゆで始める。

4　フライパンにオリーブオイルとにんにくを入れて弱火にかけ、
　にんにくが軽く色づくまで炒める。火を止めてにんにくを取り
　出し、3のゆで汁をレードル2杯加える（油がはねるので、火
　を止めてフライパンの温度を下げてから加えるとよい）。

パスタとソースを合わせる

5　スパゲッティを表示のゆで時間の5分前に4に加え、再び火に
　かける。水分が少なくなったらゆで汁をレードル1杯ずつ加え、
　アルデンテになる1分前に2を加え、スプーン約4杯の水分が
　残るまで煮る。

6　アルデンテになったら火を止めてペコリーノ・ロマーノを加え、
　マンテカトゥーラして器に盛り、バジルの葉（分量外）をのせる。

Spaghetti con Melanzane Bianco
│なすのパスタ│

なすは揚げ焼きにした後に
フォークでつぶして、
なめらかなペースト状に。
ほんのり甘くてやさしい味です。

材料｜2人分

スパゲッティ…200g
なす（皮をむいて薄切り）
　…2本（250g）
玉ねぎ（薄切り）…⅓個（70g）
ひまわり油またはサラダ油
　…大さじ3＋⅓（50㎖）
粒白こしょう（すりつぶす）
　…2g
ペコリーノ・ロマーノ*
　（すりおろす）…30g
塩…2g

＊ パルミジャーノ・レッジャーノ
　や粉チーズで代用可。

作り方

パスタをゆでる

1　鍋にたっぷりの湯を沸かし、湯1ℓに対して塩8g（分量外）を
　加え、スパゲッティをゆで始める。

ソースを作る

2　フライパンにひまわり油を入れて170℃に熱し、なすを揚げ焼
　きにし、色づいてきたら玉ねぎと塩を加えて炒める。1のゆで
　汁をレードル1杯加え、フォークの背でなすをつぶす。

パスタとソースを合わせる

3　スパゲッティを表示のゆで時間の半分ゆでたら、2に加えて混
　ぜながら煮る。水分が少なくなったら、ゆで汁をレードル1杯
　ずつ足し、アルデンテになるころに水分がスプーン約4杯残る
　ようにする。

4　アルデンテになったら火を止め、白こしょう、ペコリーノ・ロ
　マーノを加え、マンテカトゥーラして器に盛る。お好みですり
　つぶした粒白こしょう適量（分量外）をふる。

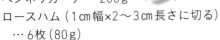

ハムのペンネ

野菜が入っていないので、
イタリアの子供に大人気。
バターと生クリームのソースを
ゆで汁でのばしてペンネにからませます。

材料 | 2人分

ペンネリガーテ … 200g
ロースハム（1cm幅×2～3cm長さに切る）
　… 6枚（80g）
バター… 40g
生クリーム … 200ml
塩 … 1g

作り方

パスタをゆでる

1 鍋にたっぷりの湯を沸かし、湯1ℓに対
して塩8g（分量外）を加え、ペンネリガ
ーテをゆで始める。

ソースを作る

2 フライパンにバターを溶かし、ハムを中
火で軽く炒める。生クリーム、塩を加え、
沸騰したらペンネリガーテがゆで上がる
まで火を止めておく。

パスタとソースを合わせる

3 **1**がアルデンテになったら、湯をきって
2に加える。中火にかけ、ゆで汁をレー
ドル½杯加えて軽く煮て、ソースに少
しとろみがついたら火を止めてマンテカ
トゥーラし、器に盛る。

Penne Panna e Prosciutto

Penne alla Boscaiola

ボスカイオーラ

ボスカイオーラには「木こり風」の意味があり、
森で採れたもの＝きのこを使ったパスタとして人気。
炒めたきのこのうまみをソースに溶け込ませます。

材料｜2人分

ペンネリガーテ* … 200g
ロースハム（1cm幅×2〜3cm長さ）
　… 60g
しいたけ（5mm幅の薄切り）… 40g
冷凍グリーンピース … 30g
ホールトマト（ヘタを取って軽く
　つぶす）… 120g
生クリーム … 200㎖
バター … 30g
塩 … 4g
イタリアンパセリの葉**（粗く刻む）
　… 2枝

* ほかのショートパスタでもOK。
** パセリの葉少々で代用可。

作り方

下準備

1　鍋にたっぷりの湯を沸かし、湯1ℓに対
して塩8g（分量外）を加える。

2　フライパンにバターを溶かし、ハム、し
いたけ、凍ったままのグリーンピースを
入れ、中火でしっかり炒める。

パスタをゆでる

3　1の湯でペンネリガーテをゆで始める。

パスタとソースを合わせる

4　しいたけに火が通ったら、ホールトマト、
生クリーム、塩を加えて沸騰させる。ペ
ンネリガーテがアルデンテになったら加
え、イタリアンパセリの葉も加えてマン
テカトゥーラし、器に盛る。

しいたけ以外のきのこでも
美味しくできます。
イタリアではマッシュルームや、
きのこの王様といわれる
ポルチーニなども使いますよ！

Penne al Salmone

サーモンのパスタ

口の中にサーモンのコクとタイムの清涼感が広がるパスタ。
仕上げにも、フレッシュなタイムをぜひ散らしてみて！

材料 ｜ 2人分

ペンネリガーテ* … 200g
サーモン（1.5cmの角切り）
　… 140g
タイム**（葉を摘む）… 1枝
ホールトマト（ヘタを取って軽く
　つぶす）… 80g
バター… 30g
生クリーム … 200㎖
塩 … 1g

＊ ほかのショートパスタやロング
　パスタを使ってもOK。
＊＊イタリアンパセリで代用可。

作り方

パスタをゆでる・下準備

1 鍋にたっぷりの湯を沸かし、湯1ℓに対
して塩8g（分量外）を加え、ペンネリガ
ーテをゆで始める。サーモンはボウルに
入れ、タイムの葉を加える。

ソースを作る

2 フライパンにバターを入れて火にかけ、
溶けてきたらホールトマトを加えて弱火
で少し煮る。

3 **2**が煮詰まってきたら、生クリーム、塩、
1のゆで汁をレードル½杯加え、ときど
き混ぜながら温める。サーモンを加え、
火を止めて余熱で火を通す。

パスタとソースを合わせる

4 ペンネリガーテがアルデンテになったら
3に加えて中火で煮る。ソースに少しと
ろみがついたら火を止め、マンテカトゥ
ーラして器に盛り、お好みでタイムの葉
（分量外）を散らす。

Puttanesca
娼婦風パスタ

材料 | 2人分

リングイネ … 200g
グリーンオリーブ（種なし。ざく切り）… 90g
塩漬けケッパー（さっと洗う）… 7g
ホールトマト（ヘタを取って軽くつぶす）… 300g
EXVオリーブオイル … 小さじ5（25ml）
にんにく（薄切り）… 1片
赤唐辛子（輪切り）… 1本
オレガノ（ドライ）… ふたつまみ
塩 … 4g
マンテカトゥーラ用EXVオリーブオイル … 小さじ1

作り方

パスタをゆでる

1 鍋にたっぷりの湯を沸かし、湯1ℓに対して塩6g（分量外）を加え、リングイネをゆで始める。

ソースを作る

2 フライパンにオリーブオイル小さじ5とにんにくを入れ、弱火で焦がさないように炒めてオイルににんにくの香りを移し、にんにくを取り出す。

3 **2**にオリーブとケッパーを入れて軽く炒め、ホールトマト、赤唐辛子、オレガノ、塩、**1**のゆで汁レードル2杯を加え、リングイネがゆで上がるまで中火で煮る。焦げつかないようにときどき混ぜる。

パスタとソースを合わせる

4 リングイネを表示のゆで時間の5分前に**3**に加え、混ぜながら煮る。途中で水分が少なくなったら**1**のゆで汁をレードル1杯ずつ足し、アルデンテになるころに軽くソースが煮詰まっているようにする。

5 アルデンテになったらオリーブオイル小さじ1を加えてマンテカトゥーラし、器に盛る。

かつて娼婦宿でストック食材で作ったといわれるパスタ。
オリーブやケッパーなどのイタリアでおなじみの食材を使い、
塩気や酸味が合わさった、複雑な味を生み出します。

Ragù di Totani

｜するめいかのラグー｜

ラグーは煮込み料理のこと。
赤ワインのアルコールをしっかり飛ばすことで、
主役のいかのうまみを引き出します。

材料｜2人分

リングイネ … 200g
するめいか … 250g
玉ねぎ（みじん切り）… 30g
セロリ（みじん切り）… 40g
ミニトマト（2〜4等分に切る）… 5個
EXVオリーブオイル
　　… 大さじ3＋⅓（50㎖）
赤ワイン … 90㎖
水 … 250㎖
塩 … 3g
イタリアンパセリまたはパセリの葉
　　（粗く刻む）… お好みで適量

作り方

ラグーを作る

1 するめいかはワタを引き抜いて足を切り離す。胴は切り開いて7㎜角に切り、足は7㎜幅に切る。

2 鍋にオリーブオイル、**1**、玉ねぎ、セロリ、塩を入れ、中火でいかの水分を飛ばすように炒める。

3 だんだん煮詰まってきて鍋底に焦げつく寸前まで炒めたら、赤ワインを半量加え、鍋底についたうまみをへらでこそげながら再び煮詰める。

4 もう一度うまみが鍋底についてきたら、残りの赤ワインを加えてアルコール分を飛ばす。弱火にして水分がなくなったら、焦げないように一度火を止める。

5 ミニトマトを**4**に加えて中火で炒め、火が通ったら水を加える。ふたをして弱火で30分煮たら、火を止めて30分おく。トマトの皮は気になったら取り除く。

パスタをゆで、ラグーと合わせる

6 鍋にたっぷりの湯を沸かし、湯1ℓに対して塩8g（分量外）を加え、リングイネをゆでる。

7 フライパンに**5**を入れて温める。**6**がアルデンテになったら加え、火を止めてイタリアンパセリの葉を加えてマンテカトゥーラし、器に盛る。

野菜の甘さを生かしたシンプルパスタ。
甘くてやわらかい新玉ねぎの季節なら、
ぜひそれをパプリカに合わせて！

Linguine con Peperone

パプリカのパスタ

材料 | 2人分

リングイネ … 200g
赤パプリカ（縦に薄切り）… 1個（150g）
玉ねぎ（横に薄切り）… ¼個（15g）
EXVオリーブオイル … 大さじ2＋½（37.5㎖）
オレガノ（ドライ）… ふたつまみ
塩 … 3g
マンテカトゥーラ用EXVオリーブオイル
　… 小さじ1

美味しさの秘訣

野菜は薄く切るほど、ソースによくからみます。
パプリカと玉ねぎを焦がさないように炒め
ることが、甘みの強いソースを作るコツ。

作り方

ソースを作り、パスタをゆでる

1 鍋にたっぷりの湯を沸かし、湯1ℓに対して塩8g
（分量外）を加える。

2 フライパンにオリーブオイル大さじ2＋½と玉ねぎ
を入れ、弱火で焦がさないように炒める。しんなり
したらパプリカ、塩を加え、弱火でしっかり、焦が
さないように炒める。

3 **1**の湯でリングイネをゆで始める。

パスタとソースを合わせる

4 **2**に**3**のゆで汁をレードル2杯とオレガノを加えて
沸騰させる。リングイネを表示のゆで時間の5分前
に引き上げて加え、混ぜながら煮る。途中で水分が
少なくなったらゆで汁をレードル1杯ずつ足し、ア
ルデンテになるころにソースが軽く煮詰まっている
ようにする。

5 アルデンテになったらオリーブオイル小さじ1を加
えてマンテカトゥーラし、器に盛る。

オレガノの香りをパスタと具に
移すように煮るから、さわやかな美味しさ。
細かく切ったたこからは、
噛むほどにいい味が出ます。

Fettuccine con Polpo e Friggitelli

たこと万願寺唐辛子の
フェットチーネ

材料 | 2人分

フェットチーネ
　（またはリングイネ）… 200g
ゆでだこ（細かく切る）… 100g
万願寺唐辛子（大きめ。斜め薄切り）… 2本
EXVオリーブオイル … 大さじ2＋½ (37.5㎖)
にんにく（つぶす）… 2片
オレガノ（ドライ）… ふたつまみ
塩 … 2g
マンテカトゥーラ用EXVオリーブオイル
　… 小さじ1
黒こしょう … 少々

もし手に入ったら、生だこを
使うとより美味しさアップ！
その場合は作り方4で、
ゆで汁を足しながら
15分ほど煮てくださいね！

作り方

下準備・ソースを作る

1 鍋にたっぷりの湯を沸かし、湯1ℓに対して塩8g
（分量外）を加える。

2 フライパンにたこ、オリーブオイル大さじ2＋½、
にんにくを入れて火にかけ、中火で軽く炒める。香
りが移ったら、万願寺唐辛子と塩を加えて炒める。

パスタをゆでる

3 1の湯でフェットチーネをゆで始める。

ソースを仕上げてパスタと合わせる

4 2に3のゆで汁レードル2杯とオレガノを加え、に
んにくを取り出して沸騰させる。

5 フェットチーネを表示のゆで時間の5分前に4に加
え、混ぜながら煮る。途中で水分が少なくなったら
3のゆで汁をレードル1杯ずつ足し、アルデンテに
なるころにソースが軽く煮詰まっているようにする。

6 火を止め、オリーブオイル小さじ1を加えてマンテ
カトゥーラし、器に盛って黒こしょうをふる。

Paccheri allo Scarpariello

靴職人のパスタ

靴の修理代の代わりにチーズを持っていったという話が由来のパスタ。
ミニトマトのソースがよくからむように大きな筒状のパスタ、
パッケリを使って。

材料 | 2人分

パッケリ … 200g
ミニトマト*（半分に切る）… 300g
EXVオリーブオイル
　… 大さじ3＋⅓（50㎖）
にんにく（薄切り）… 2片
ペコリーノ・ロマーノ（すりおろす）
　… 20g
パルミジャーノ・レッジャーノ**
　（すりおろす）… 20g
バジルの葉（5〜6等分にちぎる）
　… 15枚
塩 … 3g

＊あれば縦長タイプがおすすめ。
＊＊ペコリーノ・ロマーノや粉チーズ
　で代用可。

作り方

下準備

1 鍋にたっぷりの湯を沸かし、湯1ℓに対して塩8g（分量外）を加える。

2 フライパンにオリーブオイルとにんにくを入れ、弱火で焦がさないように炒める。オイルににんにくの香りが移ったら、ミニトマトと塩を加え、中火で5分ほど炒めてうまみを引き出す。にんにくは焦げる前に取り出す。

パスタをゆで、ソースを作る

3 1の湯でパッケリをゆで始める。

4 2の火を止め、フォークの背でミニトマトを軽くつぶし、3のゆで汁をレードル2杯加える。

パスタとソースを合わせる

5 パッケリがアルデンテになるのに合わせて4を沸騰させ、パッケリを加えて2分煮る。

6 火を止め、ペコリーノ・ロマーノ、パルミジャーノ・レッジャーノを加えて軽く混ぜ、バジルの葉を加え、マンテカトゥーラして器に盛る。お好みでバジルの葉のせん切り（分量外）をのせる。

美味しさの秘訣

ミニトマトは炒めるうちに皮にシワがより、色が変わってきたところがうまみになります。皮が苦手なら、つぶしたときに取り除いてください。

料理名はシチリア出身の作曲家の代表曲に由来するもの。
なすを揚げ焼きにして、甘さとやわらかさを引き出します。

Pasta alla Norma

｜ノルマ風交響曲のパスタ｜

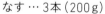

材料｜2人分

リガトーニ* … 200g
なす … 3本（200g）
ホールトマト（ヘタを取って軽くつぶす）
　… 400g
ひまわり油（またはサラダ油やオリーブ
　オイル）… 大さじ3＋⅓（50㎖）
ペコリーノ・ロマーノ**（すりおろす）
　… 30g
バジルの葉（4等分にちぎる）… 6枚
塩 … 2g

　* ほかのショートパスタやロングパスタ
　　で代用可。
　** パルミジャーノ・レッジャーノや粉チ
　　ーズで代用可。

作り方

下準備

1　鍋にたっぷりの湯を沸かし、湯1ℓに対して塩8g（分量
　外）を加える。
2　なすはヘタを切り落とし（皮が厚くてかたい場合は皮を
　むく）、乱切りにする。

ソースを作る

3　フライパンにひまわり油を熱し、中火でなすを揚げ焼き
　にする。きつね色になったら塩を加えて軽く混ぜ、ホー
　ルトマトを加え、弱火でパスタがゆで上がるまで煮る。

パスタをゆで、ソースと合わせる

4　1の湯でリガトーニをゆで始める。アルデンテになった
　ら3に加え、ゆで汁をレードル2杯加えて2分煮る。
5　ペコリーノ・ロマーノとバジルの葉を4に加えてマンテ
　カトゥーラし、器に盛ってバジルの葉（分量外）を飾る。

和食のイメージのしいたけをクリーミーなイタリアンに。
しんなりするまで炒めてから生クリームと合わせることで、
うまみの強いソースができます。

Tagliatelle e Shiitake

しいたけのクリームパスタ

材料 | 2人分

タリアテッレ（手打ちパスタ・P110〜111参照）
　… 200g
しいたけ（5mm幅の薄切り）… 140g
バター… 50g
生クリーム … 130g
塩 … 1g
タイム*（葉を摘む）… 1枝

* イタリアンパセリで代用可。

乾燥パスタで作る場合は、表示のゆで時間の5分前にパスタをソースに加えて、混ぜながら煮てください。アルデンテになるころにソースが軽く煮詰まったら、タイムを加えてね。

作り方

下準備・ソースを作る

1　鍋にたっぷりの湯を沸かし、湯1ℓに対して塩8g（分量外）を加える。

2　フライパンにバター、しいたけ、塩を入れて中火で炒め、しいたけがしんなりしたら生クリームを加えて沸騰させ、火を止める。

パスタをゆで、ソースと合わせる

3　**1**の湯でタリアテッレをゆで、アルデンテになったら**2**に加える。水分が少なければ、ゆで汁を少し加えてソースをのばし、好みのかたさにし、タイムの葉を加えてマンテカトゥーラする。器に盛り、お好みでタイム（分量外）を飾る。

Bolognese

｜ボロネーゼ｜

ボロネーゼにひき肉を使わず、
ブロック肉を角切りにするのがマルコ流。
まるで肉料理のような満足な食べごたえに！

材料 | 2人分

タリアテッレ
　（手打ちパスタ・P110〜111参照）… 200g
〈ラグー・ボロネーゼ〉
牛もも肉（または肩肉）ブロック* … 250g
A　サラダ油 … 小さじ2（10㎖）
　　　粒黒こしょう（すりつぶす）… 1g
　　　フェンネルシード（粗くつぶす）… 2g
玉ねぎ（5mmの角切り）… 50g
にんじん（3mmの角切り）… 50g
セロリ（3mmの角切り）… 30g
赤ワイン … 大さじ5（75㎖）
ホールトマト（ヘタを取って軽くつぶす）
　　… 140g
EXVオリーブオイル … 大さじ2＋⅔（40㎖）
野菜のブロード（下記参照。または水）
　　… 500㎖
塩 … 5g
ローリエ … 2枚
マンテカトゥーラ用EXVオリーブオイル
　　… 小さじ1
パルミジャーノ・レッジャーノ**
　（すりおろす）… 10g

　* 牛ひき肉で代用可。
** ペコリーノ・ロマーノや粉チーズで代用可。

Brodo vegetale
野菜のブロード

材料と作り方

1　玉ねぎ、にんじん、トマトなどの皮やセロリの葉など（そのとき冷蔵庫にあるものでOK）をしっかり洗って鍋に入れ、たっぷりの水、ローリエ2枚、氷約250gを加える。

2　**1**を弱火にかけ、30分以上煮る。

　＊冷たい水からゆっくり煮ると、野菜のうまみがよく出ます。また、沸騰させると野菜のえぐみが出てしまうので、弱火で煮てください。ラグーのほかリゾットなどにも使えるので、多めに作って冷凍しておくと便利です。

作り方

ラグー・ボロネーゼを作る

1　牛肉は1〜1.5cm角に切ってボウルに入れ、**A**を加えてよく混ぜて15分おく。

2　鍋にオリーブオイル大さじ2＋⅔を入れて火にかけ、玉ねぎ、にんじん、セロリを弱火でゆっくり焦がさないように炒める。塩2gをふり、弱火のままさらに炒める。

3　フライパンを高温に熱し、**1**を強火で焼く（油でマリネしているのでフライパンに油は引かない）。しっかり焼き色がついたら、ていねいに返しながら全体を焼き、**2**の鍋に加えて軽く混ぜる（肉を焼いている間に**2**の野菜が焦げそうなら火を止めておく）。

4　**3**のフライパン（洗わない）に赤ワインを加え、軽く沸騰させてアルコール分を飛ばす。へらでフライパンをこそげて肉のうまみをワインに移し、少し煮詰める。

5　**2**にホールトマトを加えて軽く炒め、**4**、野菜のブロード、塩3g、ローリエを加える。弱火にしてふたをし、最低1時間煮込む。

パスタをゆで、ラグーと合わせる

6　鍋にたっぷりの湯を沸かし、湯1ℓに対して塩8g（分量外）を加え、タリアテッレをアルデンテにゆでる。

7　フライパンに**5**を入れて温め、湯をきった**6**、オリーブオイル小さじ1、パルミジャーノ・レッジャーノを加えてマンテカトゥーラする。水分が足りなければパスタのゆで汁を少し加え、ソースをのばして好みのかたさにし、器に盛る。

　＊乾燥パスタで作る場合は、表示のゆで時間の5分前にパスタをラグーに加え、混ぜながら煮て、アルデンテになるころにソースが軽く煮詰まっているようにし、オリーブオイルとパルミジャーノ・レッジャーノを加えます。

美味しさの秘訣

牛肉を焼くとき、重なりすぎる場合は2回に分けて焼きます。うまみを含んだ肉汁の流出を防ぐため、焼き色がしっかりつくまではさわらないで焼きましょう！

ひとつの鍋で完成するお手軽パスタ。
冷凍グリーンピースとホールトマトが、
素晴らしいマリアージュ。

Pasta e Piselli

グリーンピースのパスタ

材料 | 2人分

ミスタコルタ … 80g
玉ねぎ（みじん切り）… 120g
ホールトマト（ヘタを取って軽くつぶす）… 60g
冷凍グリーンピース … 200g
EXV オリーブオイル … 大さじ2＋⅔（40㎖）
水 … 700㎖
塩 … 5g

ミスタコルタがなくても大丈夫！
そのときは折れてしまった
スパゲッティやリングイネを
3～4㎝くらいに手で折って
使ってください！

作り方

ソースを作る

1　鍋にオリーブオイルと玉ねぎを入れ、弱火で焦がさないように炒める。しんなりしたら、ホールトマトを加え、中火で軽く沸騰させる。

パスタを加えて煮る

2　1にグリーンピース、水、塩を加え、沸騰したらミスタコルタを加える。弱火でときどき混ぜながら煮て、アルデンテになったらふたをして3分おく（温度が下がり、食べやすくなる）。

3　器に盛り、お好みでパルミジャーノ・レッジャーノやペコリーノ・ロマーノ（分量外）をすりおろしたり、粉チーズをふる。

CAPITOLO
3
意外な
組み合わせの
新しいパスタ

Amatriciana

| アマトリチャーナ |

イタリアの首都ローマの代表的なパスタ。
肉のうまみとバルサミコ酢の酸味が、絶妙なバランス。

材料 | 2人分

スパゲッティ… 200 g
パンチェッタ*… 100 g
バルサミコ酢… 10 g
ホールトマト（ヘタを取って軽く
　つぶす）… 400 g
塩… 3 g
粒黒こしょう（すりつぶす）
　… 4つまみ
赤唐辛子（種ごと刻む）
　… お好みで適量
ペコリーノ・ロマーノ
　（すりおろす）… 30 g

* ベーコンで代用可。

作り方

下準備・パスタをゆでる

1 パンチェッタは皮と黄色く酸化してい
　る脂の部分があれば切り取り、1cm幅×
　3cm長さの棒状に切る。

2 鍋にたっぷりの湯を沸かし、湯1ℓに対
　して塩6g（分量外）を加え、スパゲッ
　ティをゆで始める。

ソースを作る

3 フライパンにパンチェッタを入れて中火
　で炒め、カリカリになったら弱火にして
　バルサミコ酢を加える。

4 **3**にホールトマト、塩、黒こしょう、赤
　唐辛子を加え、弱火でスパゲッティがゆ
　で上がるまで煮る。

パスタとソースを合わせる

5 スパゲッティがアルデンテになったら**4**
　に加え、ペコリーノ・ロマーノを加えて
　マンテカトゥーラし、器に盛る。

ベーコンを使う場合は、パンチェッタより脂
が少なく焦げつきやすいので、炒めるときに
オリーブオイルをスプーン1杯入れましょう。
マンテカトゥーラするときにソースがかたか
ったら、パスタのゆで汁を足してください！

Spaghetti con Samma e Shiitake

秋薫るさんまと しいたけのパスタ

秋の味覚を組み合わせたバター風味の異文化パスタ。
きのこにはタイムがよく合うので、仕上げに加えて香りを生かします。

材料 | 2人分

スパゲッティ… 200g
さんま (三枚おろし・ひと口大に切
る) … 2尾分 (正味120g)
玉ねぎ (薄切り) … 30g
しいたけ (5mm幅の薄切り) … 120g
バター (細かく切る) … 40g
タイム (葉を摘む) … 1枝
塩 … 3g
マンテカトゥーラ用バター… 10g

作り方

パスタをゆでる

1 鍋にたっぷりの湯を沸かし、湯1ℓに対
して塩8g (分量外) を加え、スパゲッテ
ィをゆで始める。

ソースを作る

2 フライパンにバター40gを溶かし、弱火
で玉ねぎを焦がさないように炒める。し
んなりしたら、しいたけと塩を加え、中
火で焼き色がつくまであまりさわらない
ように炒める。

3 **1**のゆで汁レードル2〜3杯を**2**に加え、
さんまを加える。スパゲッティを表示の
ゆで時間の5分前に加えて混ぜながら煮
て、水分が少なくなったら、ゆで汁をレ
ードル1杯ずつ足し、アルデンテになる
ころに水分がスプーン約3杯残るように
する。

パスタとソースを合わせる

4 スパゲッティがアルデンテになったら火
を止め、タイムの葉とバター10gを加え
てマンテカトゥーラし、器に盛る。

しいたけの代わりに
エリンギを使っても
美味しく作れますよ!

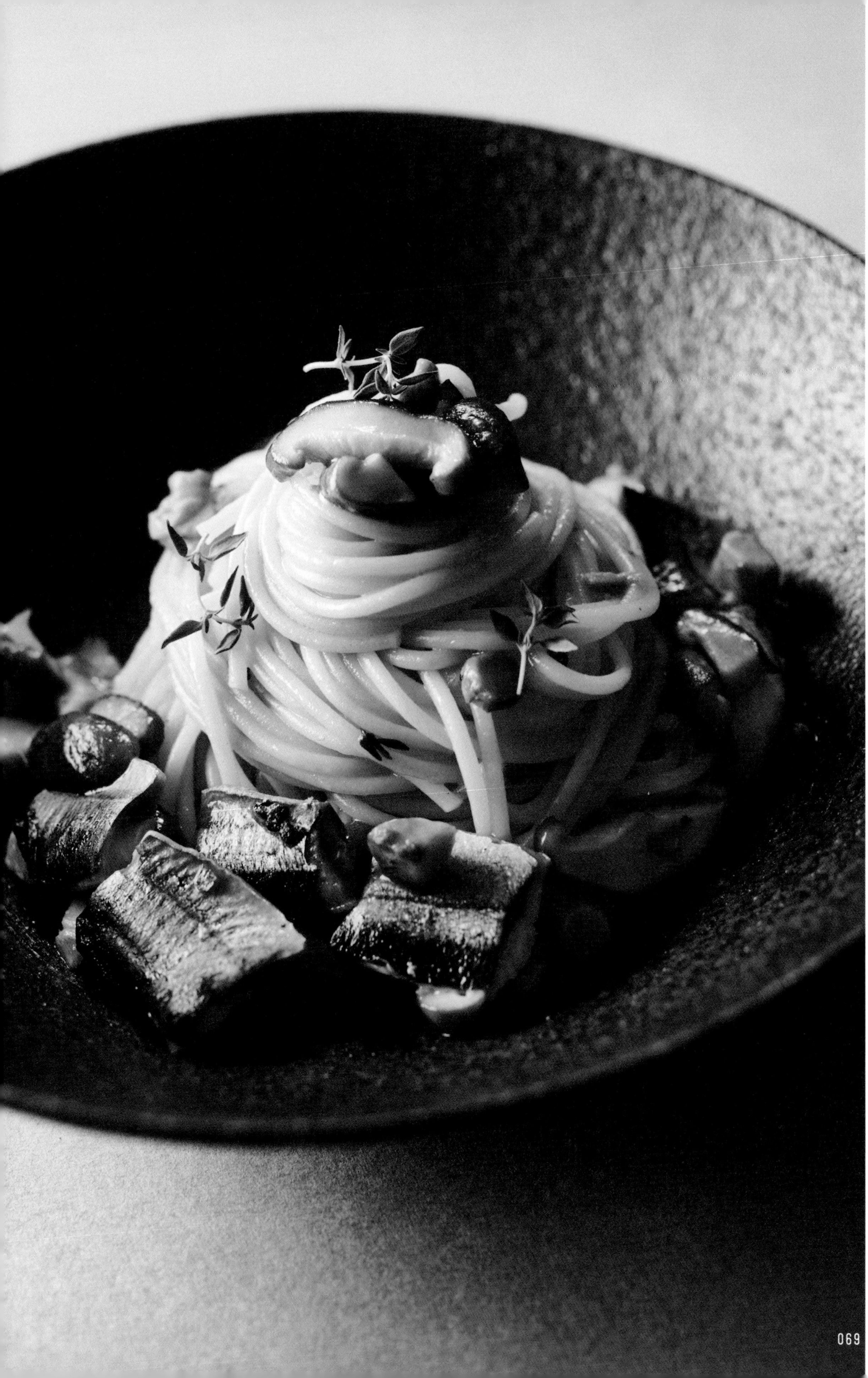

Spaghetti con Tonno Capperi e Olive

地中海風まぐろのパスタ

ケッパー、オリーブ、オレガノを使うのが地中海風。

材料 | 2人分

スパゲッティ … 200g
まぐろ（刺身用）… 150g
塩漬けケッパー（さっと洗う）… 15g
グリーンオリーブ（種なし。縦4等分に切る）… 30g
赤唐辛子（刻む）… 1本
EXVオリーブオイル … 大さじ3＋⅓（50㎖）
にんにく（つぶす）… 1片
オレガノ（ドライ）… ふたつまみ
マンテカトゥーラ用EXVオリーブオイル … 小さじ1
一味唐辛子 … 少々

作り方

パスタをゆでる

1 鍋にたっぷりの湯を沸かし、湯1ℓに対して塩6g（分量外）を加え、スパゲッティをゆで始める。

まぐろを焼き、ソースを作る

2 フライパンにオリーブオイル大さじ3＋⅓を入れて中火で十分に熱し、まぐろとにんにくを入れる。まぐろに焼き色がついたら裏返して30秒焼き、取り出して2㎝角に切る。

3 **2**のにんにくを取り出し、ケッパー、グリーンオリーブ、赤唐辛子、**1**のゆで汁レードル2杯、オレガノを加えて沸騰させる。

パスタとソースを合わせる

4 スパゲッティを表示のゆで時間の5分前に**3**に加え、混ぜながら煮る。水分が少なくなったら、ゆで汁をレードル1杯ずつ足し、アルデンテになるころに水分がスプーン約3杯残るようにする。

5 スパゲッティがアルデンテになったら火を止め、**2**のまぐろとオリーブオイル小さじ1を加えてマンテカトゥーラし、器に盛って一味唐辛子をふる。

美味しさの秘訣

まぐろはさっと焼くだけにして、うまみを含んだ水分を逃さないようにしましょう。

地中海風トマトとオリーブ、いかのパスタ

味の濃いミニトマトを炒めてソース状にし、バジルの香り、
オリーブのうまみを加えます。いかは火を通しすぎないことでやわらかく、
細切りにすることでパスタとからみやすくなります。

材料｜2人分

リングイネ … 200g
いか（刺身用。5mm幅の細切り）… 80g
ミニトマト（半分に切る）… 150g
グリーンオリーブ（種なし。ざく切り）
　… 50g
EXVオリーブオイル
　… 大さじ2＋½（37.5㎖）
にんにく（薄切り）… 1片
バジルの葉（4等分にちぎる）… 6枚
塩 … 2g

作り方

パスタをゆでる

1 鍋にたっぷりの湯を沸かし、湯1ℓに対して塩8g
（分量外）を加え、リングイネをゆで始める。

ソースを作る

2 フライパンにオリーブオイルとにんにくを入れ、弱
火で焦がさないように炒める。ミニトマトを切り口
を上にして入れて強火で炒め、焼き色がついたら火
を止め、フォークでつぶしてソース状にする。にん
にくは取り出し、グリーンオリーブと塩を加えて軽
く炒める。

パスタとソースを合わせる

3 **2**に**1**のゆで汁をレードル2杯加えて沸騰させる。
1を表示のゆで時間の5分前に引き上げて加え、混
ぜながら煮る。途中で水分が少なくなったら、ゆで
汁をレードル1杯ずつ足し、アルデンテになるころ
に軽くソースが煮詰まっているようにする。

4 アルデンテになったら、いかを加えて軽く混ぜる。
いかに火が通ったら火を止め、バジルの葉を加えて
マンテカトゥーラし、器に盛る。

冷凍のいかを使う場合は、
作り方**3**でゆで汁を
沸騰させた後に加えましょう。

Gricia e PepeYuzu

グリーチャの柚子こしょう風

カルボナーラ風のグリーチャの味を
ピリッと辛い柚子こしょうで引き締めた、
ちょっと大人な和風イタリアン。

材料 | 2人分

スパゲッティ… 200g

パンチェッタ*（1cm角の棒状に
切る）… 120g

ペコリーノ・ロマーノ**
（すりおろす）… 50g

A | コーンスターチ … 6g
　 | 水 … 200㎖

柚子こしょう … 8g

* ブロックベーコンで代用可。
**パルミジャーノ・レッジャーノ
や粉チーズで代用可。

作り方

下準備・パスタをゆでる

1 鍋にたっぷりの湯を沸かし、塩を加えずにスパゲッティをゆで
始める。

2 フライパンにパンチェッタを入れて中火でカリカリになるまで
炒め（ブロックベーコンを使う場合はオリーブオイルをスプー
ン1杯入れる）、脂ごとバットなどに取り出す。

ソースを作る

3 空いたフライパンにAを入れて沸騰させる。コーンスターチ
が溶けたら、ペコリーノ・ロマーノと一緒にミキサーにかける。

パスタとソースを合わせる

4 3のフライパンに1のゆで汁をレードル3杯加えて沸騰させる。

5 1を表示のゆで時間の5分前に引き上げ、4に加えて混ぜなが
ら煮る。水分が少なくなったらゆで汁をレードル1杯足し、ア
ルデンテになるころに水分がスプーン約4杯残るようにする。

6 スパゲッティがアルデンテになったらパンチェッタを脂ごと加
え、3と柚子こしょうも加え、なじむまで中火で少し煮る。火
を止めて軽くマンテカトゥーラし、器に盛る。

イタリアの南部、プーリア州の郷土料理。
アンチョビ風味のパン粉が
食感と香りのアクセントに。

Orecchiette con Cima di Rapa

｜菜の花のオレキエッテ｜

材料｜2人分

オレキエッテ … 180g
菜の花（食べやすく切る）… 100g
EXVオリーブオイル
　　… 大さじ2（30mℓ）
にんにく（薄切り）… 1片
アンチョビ … 1フィレ
赤唐辛子（4等分に切る）… 1本
マンテカトゥーラ用EXVオリーブオイル
　　… 小さじ1
〈カリカリパン粉（モッリカータ）〉
　パン粉 … 10g
　アンチョビ（みじん切り）… 1フィレ
　EXVオリーブオイル … 小さじ½

美味しさの秘訣

パン粉は、アンチョビ
の香りがついたオリー
ブオイルで、きつね色
になるまで炒めてカリ
カリに。

作り方

カリカリパン粉を作る

1 フライパンにオリーブオイル小さじ½を熱してアンチョビを入れ、ゴムベラでペースト状にする。パン粉を加え、弱火ですり合わせるようにじっくり炒め、きつね色になったら皿などに取り出す。

パスタをゆで、ソースを作る

2 鍋にたっぷりの湯を沸かし、湯1ℓに対して塩8g（分量外）を加え、オレキエッテをゆで始める。

3 フライパンにオリーブオイル大さじ2とにんにくを入れ、弱火で香りを移すように炒める。にんにくを取り出して火を止め、アンチョビを入れてペースト状にし、赤唐辛子、**2**のゆで汁をレードル1杯加えて中火で軽く煮る。

パスタとソースを合わせる

4 菜の花はオレキエッテの表示のゆで時間の5分前に**2**に入れて一緒にゆでる。表示のゆで時間の4分前に両方を引き上げ、**3**に加えて煮る。アルデンテになったら火を止め、オリーブオイル小さじ1を加えてマンテカトゥーラし、器に盛って**1**をふりかける。

いかとグリーンピースの
フェットチーネ

いかの臭みをミントで消すのがイタリア流。
仕上げにもミントを加えることで、よりさわやかな香りと彩りを添えて。

材料 ｜ 2人分

フェットチーネ … 200g
いか（胴）… 140g
玉ねぎ（みじん切り）… 30g
冷凍グリーンピース … 60g
バター … 30g
水 … 300mℓ
ミント … 2枝
塩 … 2g
仕上げ用バター … 10g
仕上げ用ミントの葉（粗く刻む）… 4枚

作り方

ソースを作る

1 いかは5mm幅×3cm長さの細切りにする。

2 フライパンに**1**、バター30g、玉ねぎ、グリーンピースを入れて中火で炒める。いかの水分が完全になくなったら弱火にし、さらに10分炒める（焦げ色がついてもOK）。

3 **2**に分量の水を加え、沸騰したら弱火にして塩、ミントを加える。ふたをして、いかが十分にやわらかくなるまで15分煮る。

パスタをゆで、ソースと合わせる

4 鍋にたっぷりの湯を沸かし、湯1ℓに対して塩8g（分量外）を加え、フェットチーネをゆで始める。アルデンテになったら**3**に加える。ミントは取り除く。

5 仕上げ用のバター10gとミントの葉を**4**に加えてよく混ぜ合わせ、器に盛る。

Linguine con Sgombro

さばのパスタ

スーパーで半額のさばから思いついた、別名「節約パスタ」。
マジョラムという甘い香りのハーブで、さば特有のクセを抑えます。

材料 | 2人分

リングイネ … 200g
さば（三枚おろし）… 150g
A | 粒黒こしょう（すりつぶす）… 2g
　　| 塩 … 2g
EXVオリーブオイル … 大さじ1（15mℓ）
にんにく … 1片
マジョラム（ドライ）… ふたつまみ
マンテカトゥーラ用EXVオリーブオイル
　… 小さじ1

作り方

下準備・パスタをゆでる

1 鍋にたっぷりの湯を沸かし、湯1ℓに対して塩8g（分量外）を加える。

2 さばは骨があれば取り除き、表面の薄皮を手ではぐ。縦半分に切って血合いを薄く切り取り、小さめのひと口大に切る。ボウルに入れ、**A**を混ぜておく。

3 **1**の湯でリングイネをゆで始める。

ソースを作る

4 にんにくは芯を取ってみじん切りにし、包丁を寝かせてにんにくをまな板にすりつけるようにしてペースト状にする。

5 フライパンにオリーブオイル大さじ1を熱し、**2**を中火で焼く。さばは身がくずれやすいのであまりさわらずに焼き、焼き色がついてきたら、**4**を加えて中火のまま炒める。半分ほど火が通ったら、火を弱めて**3**のゆで汁レードル3杯（はねるのでゆっくり入れる）とマジョラムを加え、さばにある程度火が通ったら一度取り出す。

パスタとソースを合わせる

6 リングイネを表示のゆで時間の5分前に引き上げて**5**に加え、混ぜながら煮る。途中で水分が少なくなったら、ゆで汁をレードル1杯ずつ足し、アルデンテになるころに水分がスプーン約3杯残るようにする。

7 アルデンテになったら火を止め、さばを戻し、オリーブオイル小さじ1を加えてマンテカトゥーラして器に盛る。

美味しさの秘訣

さばは薄皮をはぐことで、口当たりがよくなります。

さばは身の中央を切ることで、血合いや小骨が簡単に取り除けます。

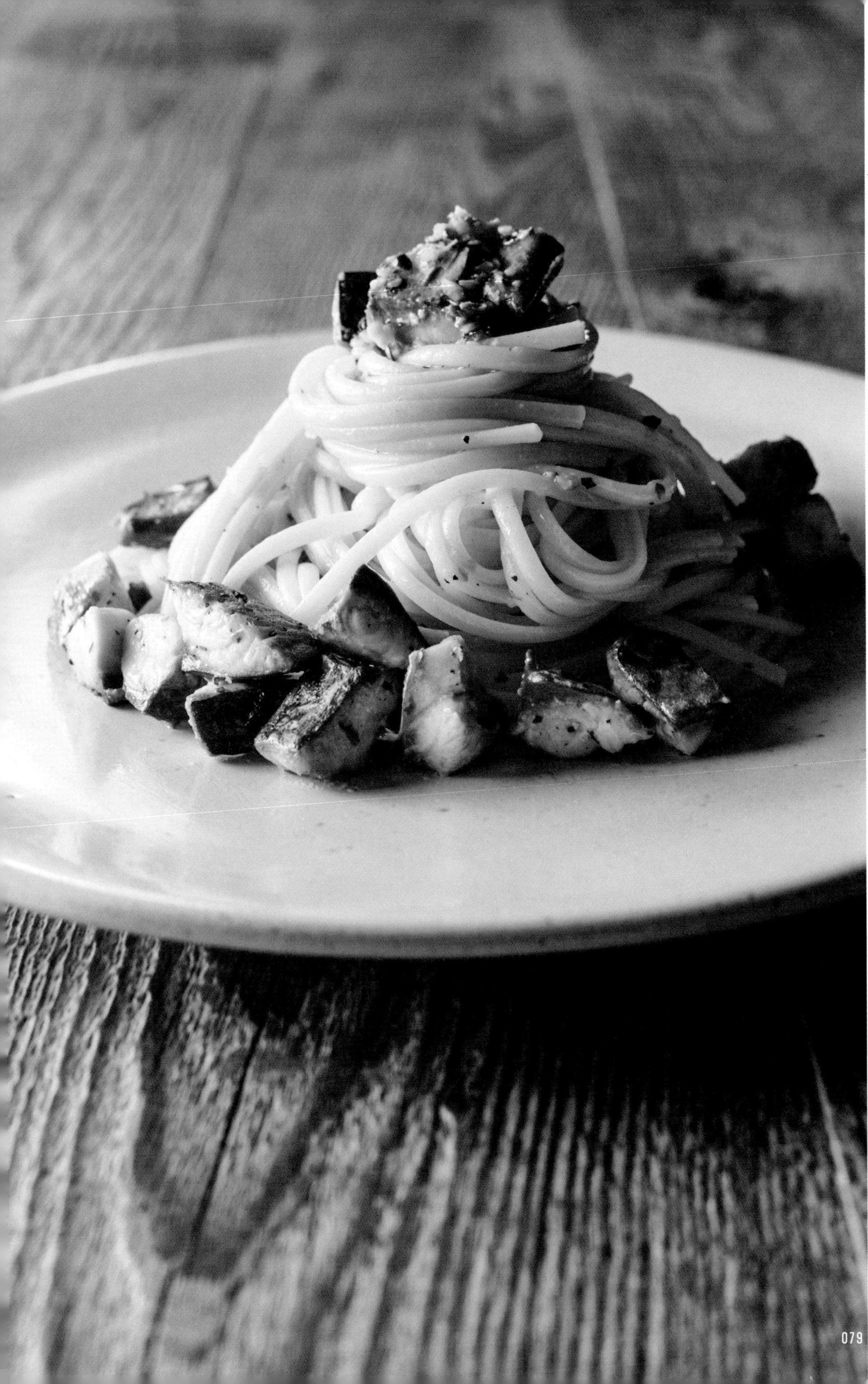

Linguine con Pesto alla Trapanese

トラーパニ風リングイネ

温暖な気候で美味しいナッツがとれるシチリアの、
アーモンド入りパスタ。
ソースは加熱せずパスタと合わせるだけにして、
トマトの新鮮さを生かします。

材料｜2人分

リングイネ … 200g
トマト … 260g（ヘタ、皮、種を除いて）
A ｜ アーモンド … 6粒（12g）
｜ バジルの葉 … 15枚
｜ EXVオリーブオイル
｜ 　… 大さじ3＋⅓（50㎖）
｜ 塩 … 3g
｜ にんにく … 少々
ペコリーノ・ロマーノ*
　（すりおろす）… 10g
バジルの葉 … 少々

＊パルミジャーノ・レッジャーノ
　や粉チーズで代用可。

作り方

下準備

1 鍋にたっぷりの湯を沸かし、湯1ℓに対して塩8g（分量外）を加える。

2 トマトはヘタをくりぬき、**1**に10〜20秒つけ、氷水で冷やす。皮をむき、種を除いてざく切りにする。

パスタをゆでる

3 リングイネを**1**の湯でゆで始める。

ソースを作り、
パスタと合わせる

4 **A**と**2**をミキサーでかくはんし、ペースト状になったらペコリーノ・ロマーノを加えて混ぜる。フライパンかボウルに移し、リングイネがアルデンテになったら加えてマンテカトゥーラする。

5 器に盛り、ペコリーノ・ロマーノ（分量外）をすりおろしてかけ、バジルの葉をちぎって散らす。

美味しさの秘訣

トマトはヘタをくりぬき、皮がめくれるまで湯につけて氷水にとり、皮をむきます。このひと手間で、上品な口当たりに。

Ragù di Lingua

牛タンのラグー

牛タンをあえて角切りにすることで、手打ちパスタとの一体感が生まれます。
奥深い味わいで見た目も美しいパスタは、ぜひ特別な日のスペシャリテに。

材料｜2人分

パッパルデッレ（手打ちパスタ・P110〜
　111参照）… 200g
牛タン … 200g
玉ねぎ（みじん切り）… 80g
にんじん（5mmの角切り）… 80g
A｜サラダ油 … 小さじ2＋½（12.5mℓ）
　｜フェンネルシード（軽く刻む）… 1g
EXVオリーブオイル
　… 大さじ2＋½（37.5mℓ）
赤ワイン … 50mℓ
B｜ホールトマト
　　（ヘタを取って軽くつぶす）… 300g
　　赤唐辛子（種を除いて刻む）… 1本
　　水 … 300mℓ
　　塩 … 3〜4g
マンテカトゥーラ用EXVオリーブオイル
　… 小さじ1

作り方

ラグーを作る

1　牛タンは1cm角に切ってボウルに入れ、**A**を加えて混ぜる。

2　鍋にオリーブオイル大さじ2＋½、玉ねぎ、にんじんを入れ、弱火で焦がさないように炒める。

3　フライパンを熱し、**1**を強火で焼く。焼き色がつくまではさわらず、しっかり焼き色がついたら返しながら全面を焼き、**2**に加える。

4　**3**のフライパンに赤ワインを加え、こびりついたうまみをへらでこそげながらアルコール分が飛ぶまで軽く煮詰め、**2**に加える。

5　**4**に**B**を加え、弱火で牛タンがやわらかくなるまで1時間30分〜2時間煮込む。

パスタをゆで、ラグーと合わせる

6　鍋にたっぷりの湯を沸かし、湯1ℓに対して塩8g（分量外）を加え、パッパルデッレをゆでる。アルデンテになったら**5**に加え、オリーブオイル小さじ1を加えてマンテカトゥーラし、器に盛る。

美味しさの秘訣

牛タンは焦げも脂もすべてうまみ。ホールトマトや赤ワインと合わせて、極上のソースに。

かつてイタリアでは、
精肉店でたくさんの肉を買ったときに
タダで牛タンをもらえました。
近所の人に手土産として、
牛タンを渡したことも！

Genovese di Tonno

まぐろのナポリ風
ジェノベーゼ

焼いたまぐろに玉ねぎを加えてジャムのようになるまで煮込み、
甘くて極上のソースに。

材料｜2人分

リガトーニ* … 200g
まぐろ（刺し身用）… 150g
玉ねぎ（薄切り）… 800g
EXVオリーブオイル
　… 大さじ3 + 1/3（50㎖）
塩 … 6g
粒黒こしょう（すりつぶす）… 3g
バジルの葉（4等分にちぎる）… 6枚

* ほかのショートパスタで代用可。

作り方

まぐろを焼く

1 鍋にオリーブオイルを熱し、まぐろを切らずに入れて中火で両面を焼き、しっかり焼き目をつける（鍋に焼きついても気にせず焼いてよい）。

ソースを作る

2 **1**に玉ねぎを加えて塩をまんべんなくふり、ふたをして30分、ふたを取って45分ほど玉ねぎの水分がなくなってきつね色になるまで弱火で煮る。途中、鍋底に焦げつかないようにときどき混ぜる。

パスタをゆで、ソースと合わせる

3 鍋にたっぷりの湯を沸かし、湯1ℓに対して塩8g（分量外）を加え、リガトーニをゆで始める。アルデンテになったら**2**に加え、黒こしょうも加えて火を止める。バジルの葉を加えてよく混ぜ、器に盛り、バジルの葉（分量外）を飾る。

美味しさの秘訣

焼き目がうまみになるので、まぐろは動かさずに焼きます。

かつてイタリアでは、
まぐろが安かったので、
肉の代用品として
使われることもありました！

Pasta e Ceci

ひよこ豆のパスタ

缶詰やパック入りのひよこ豆を汁ごと使った簡単パスタ。
ほんのり甘い豆とあっさりしたスープに唐辛子の辛みがよく合います。

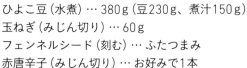

材料 | 2人分

ミスタコルタ … 80g
ひよこ豆（水煮）… 380g（豆230g、煮汁150g）
玉ねぎ（みじん切り）… 60g
フェンネルシード（刻む）… ふたつまみ
赤唐辛子（みじん切り）… お好みで1本
EXVオリーブオイル … 大さじ2 + ⅓（35mℓ）
水 … 400mℓ
塩 … 3g
一味唐辛子 … 適量

作り方

スープを作る

1 鍋にオリーブオイル、玉ねぎ、塩を入れ、弱火で炒める。しんなりしたら、フェンネルシード、赤唐辛子、ひよこ豆（豆、煮汁）、分量の水を加え、中火で煮る。

パスタを加えて煮る

2 1が沸騰したらミスタコルタを加え、ときどき混ぜながら煮る。アルデンテになったら火を止め、ふたをして3分おく（こうすることでとろみが出て、温度が下がり食べやすくなる）。

3 器に盛り、一味唐辛子をふる。

ひよこ豆を煮たときに
アクが出たら、
適宜取り除いてくださいね！

Pasta e Zucca
│かぼちゃのパスタ│

甘くてホクホクしたかぼちゃに玉ねぎのうまみとタイムの香りを加えるから、
野菜だけのシンプルなパスタなのに奥深い味わいに。

材料 │ 2人分

ミスタコルタ … 80g
かぼちゃ
　… 中⅓個（種と皮を取って240g）
玉ねぎ（みじん切り）… 70g
EXVオリーブオイル … 大さじ2（30㎖）
水 … 700㎖
塩 … 3g
タイム … 1枝

> ミスタコルタが手に入らなかったら、
> 折れてしまった短いスパゲッティや
> リングイネを3〜4㎝くらいに
> 手で折って代用してね！

作り方

野菜を炒める

1 かぼちゃは2㎝角に切る（煮込むので不ぞろいでもよい）。

2 鍋にオリーブオイルと玉ねぎを入れ、弱火で焦がさないように炒める。1と塩を加え、中火にして5分ほど炒める。

パスタを加えて煮る

3 野菜に火が入り始めたらタイムを枝ごと加え、分量の水も加えて沸騰させ、ミスタコルタを加える。弱火にし、フツフツしている状態でときどき混ぜながら煮て、アルデンテになったら火を止め、ふたをして3分おく（こうすることでとろみが出て、温度が下がり食べやすくなる）。

4 タイムを取り除いて器に盛る。お好みですりおろしたパルミジャーノ・レッジャーノや粉チーズ（分量外）をかける。

素朴な味のスープパスタは、
白いんげん豆を煮汁ごと使って
うまみを逃さずに。
ローズマリーの香りが
食欲をそそります。

Pasta e Fagioli

白いんげん豆のパスタ

材料 | 2人分

ミスタコルタ … 80g
白いんげん豆（水煮）
　… 380g（豆230g、煮汁150g）
玉ねぎ（みじん切り）… 60g
EXVオリーブオイル … 大さじ3+⅓（50㎖）
ローズマリー… 小1枝
水 … 400㎖
塩 … 3g

作り方

玉ねぎを炒め、豆を加えて煮る

1 鍋にオリーブオイル、玉ねぎ、塩を入れ、弱火で焦がさないように炒める。玉ねぎがしんなりしたら、白いんげん豆（豆、煮汁）、分量の水を加えて中火で煮る。

パスタを加えて煮る

2 1が軽くフツフツする程度に沸騰したら、ミスタコルタ、ローズマリーを枝ごと加え、焦げつかないようにときどき混ぜながら煮る。アルデンテになったら火を止め、ふたをして3分おく（こうすることでとろみが出て、温度が下がり食べやすくなる）。

3 ローズマリーを取り除いて器に盛り、お好みでオリーブオイル（分量外）をかける。

野菜とホールトマトを5分、
パスタを加えて10分煮ればもう完成。

Minestrone
ミネストローネで作るパスタ

材料 | 2人分

ミスタコルタ … 90g
キャベツ … 60g
カリフラワー… 60g
小松菜 … 60g
玉ねぎ … 40g
にんじん … 40g
セロリ … 30g
じゃがいも … 20g
ホールトマト（ヘタを取って軽くつぶす）… 20g
冷凍グリーンピース … 60g

A 水 … 800mℓ
にんにく（細かいみじん切り）… 少々
ローリエ … 2枚
塩 … 6g
イタリアンパセリまたはパセリの葉（粗く刻む）… 3g
セロリの葉（刻む）… 3g
EXVオリーブオイル … 小さじ5（25mℓ）

作り方

野菜を切る

1 野菜は1cm角ぐらいに切り、小松菜とセロリの葉の部分はざく切りにする。

野菜とパスタを煮る

2 鍋に**A**、**1**、ホールトマト、グリーンピースを入れて火にかけ、沸騰したら5分ほど中火で煮る。ミスタコルタを加え、アルデンテになるまで10分ほど煮る。

3 アルデンテになったら火を止め、イタリアンパセリの葉、セロリの葉、オリーブオイルを加え、ふたをして3分おき、器に盛る。

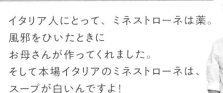

イタリア人にとって、ミネストローネは薬。
風邪をひいたときに
お母さんが作ってくれました。
そして本場イタリアのミネストローネは、
スープが白いんですよ！

イタリア人のお母さんは家にある野菜で分量も量らずに作ります。
パスタ90g、野菜390gほどあればバランスよく作れるので、ぜひ冷蔵庫に残っているいろいろな野菜で試してみてください。

パスタはお酒と一緒にも楽しめますよ！

イタリア人にとって、食事中の飲みものといえばワイン。パスタと一緒に味わうと、どちらも美味しくなりますね！ 一般的には、魚介系のパスタには白ワインを、肉系のパスタには赤ワインを合わせます。

ビールでもいいのですが、実はイタリアの伝統的な食文化ではパスタを食べながらビールを飲むことはあ

りません。最近はレストランでパスタとビールを楽しむ人もいるようですが、ビールはパスタよりピッツァに合うと思います。そして高級なレストランほどビールを提供するところが少なく、ワインのみのところが多いようです。

また、日本では食事と一緒に日本酒を楽しみますが、イタリアでは日本酒のような強いお酒を食事中に飲むことはありません。ウイスキーもそうです。イタリア生まれの蒸留酒でアルコール度数が30〜60度と高いグラッパや、アルコール度数が約30度もあるリモンチェッロは、食後酒として楽しみます。ただリモンチェッロは、レモン風味で甘いけれどアルコール度数が高いので、飲みすぎないように注意が必要なんです！

CAPITOLO

4

お酒が進む
大人のパスタ

Spaghetti Burro e Acciughe
アンチョビバターのスパゲッティ

アンチョビとバターを使ったパスタは、別名「おつまみパスタ」。
塩気とうまみが効いたクセになる味で、ビールにもワインにも合います。

材料 | 2人分

スパゲッティ… 200g
アンチョビ … 6フィレ
バター… 30g
マンテカトゥーラ用バター… 10g

作り方

パスタをゆでる

1 鍋にたっぷりの湯を沸かし、湯1ℓに対して塩6g（分量外）を加え、スパゲッティをゆで始める。

ソースを作る

2 フライパンにバター30gを入れて弱火にかけ、ほとんど溶けたらアンチョビを加えてフォークでほぐす。1のゆで汁をレードル2杯加え、沸騰させる。

パスタとソースを合わせる

3 スパゲッティが表示のゆで時間の5分前になったら2に加え、混ぜながら煮る。途中で水分が少なくなったら、ゆで汁をレードル1杯ずつ足し、アルデンテになるころに水分がスプーン約3杯残るようにする。

4 アルデンテになったら火を止め、バター10gを加えてマンテカトゥーラし、器に盛る。

ビールのおつまみにするなら、
パスタをゆでる塩の量を
1ℓにつき8gにして
塩味を強くしてもOK!

ブラックオリーブをふんだんに使ったペーストは、
塩気とほのかな苦みがあり、
ワインを片手に何か
つまみたいときにぴったりです。

Spaghetti con Pesto di Olive

ブラックオリーブペーストの
スパゲッティ

材料｜2人分

ブラックオリーブペーストは4人分

スパゲッティ… 200g
〈ブラックオリーブペースト〉
　ブラックオリーブ（種なし）… 60g
　EXVオリーブオイル
　　… 大さじ2＋½（37.5㎖）
　にんにく（薄切り）… 1片
　パルミジャーノ・レッジャーノ*
　　（すりおろす）… 40g
　イタリアンパセリの葉**（粗く刻む）
　　… 4枝
　水… 小さじ2
マンテカトゥーラ用EXVオリーブオイル
　… 小さじ1

　* ペコリーノ・ロマーノや粉チーズで代
　　用可。
　** パセリの葉少々で代用可。

　※ソースは半量では作りにくいため、4人分の量
　　です。残りは冷蔵室で保存し、パンにつけたり、
　　鯛などの刺し身のソースに使うのもおすすめ。

作り方

下準備・
ブラックオリーブペーストを作る

1 鍋にたっぷりの湯を沸かし、湯1ℓに対して塩8g（分量
外）を加える。フライパンにオリーブオイル大さじ2＋
½、にんにくを入れて火にかけて温め、オイルににんに
くの香りが移ったら火を止める。にんにくは取り出して
おく。

2 ブラックオリーブ、分量の水、**1**のガーリックオイルは
ブレンダーかミキサーでかくはんする。粗いペースト状
になったらイタリアンパセリの葉、パルミジャーノ・レッ
ジャーノを加えて混ぜる。

パスタをゆで、ソースと合わせる

3 **1**の湯でスパゲッティをゆで始める。**1**のフライパンに
ゆで汁をレードル4杯加えて沸騰させ、ゆで時間の5分
前にスパゲッティを加える。混ぜながら煮て、アルデン
テになるころに水分がスプーン約1杯残るようにする。

4 アルデンテになったら火を止め、**2**の半量とオリーブ
オイル小さじ1を加えてマンテカトゥーラし、器に盛る。
お好みでスライスしたパルミジャーノ・レッジャーノ
（分量外）をのせる。

Spaghetti allo Scoglio

スパゲッティ アッロ スコッリオ
"ペスカトーラ"

5種類のシーフードから出たエキスでスパゲッティを煮るから、
うまみがパスタにしみわたります。白ワインと一緒にどうぞ。

材料 | 2人分

スパゲッティ … 200g
ムール貝 … 200g
あさり (塩水につけて砂抜きする)
　… 100g
えび … 70g
いか (胴) … 70g
ゆでだこ (ひと口大に切る) … 60g
ミニトマト (半分に切る) … 10個
EXVオリーブオイル
　… 大さじ3+⅓ (50㎖)
にんにく (薄切り) … 1片
赤唐辛子 … 1本
白ワイン … 80g
イタリアンパセリの葉* (粗く刻む)
　… 3枝
マンテカトゥーラ用
　EXVオリーブオイル … 小さじ1
塩 … 適量

　* パセリの葉少々で代用可。

作り方

下準備

1　ムール貝は足糸を引き抜き、流水で貝同士をこすり合わせてよく洗う (詳しくはP.27を参照)。あさりも洗い、どちらも水気をきる (どちらも殻が開いたり、割れていたり、悪臭がするものは取り除く)。えびは殻をむいて背ワタを取る。いかは5mm幅に切る。

パスタをゆで、ソースを作る

2　鍋にたっぷりの湯を沸かし、湯1ℓに対して塩8g (分量外) を加え、スパゲッティをゆで始める。

3　フライパンにオリーブオイル大さじ3+⅓、にんにく、赤唐辛子を入れ、焦がさないように弱火で炒めて香りを出す。

4　ミニトマトを加えて軽く炒め、にんにくと赤唐辛子を取り除き、ムール貝とあさりを加えてすぐに白ワインを入れてふたをし、強火でアルコール分を飛ばす。貝の口が開いたら取り出して殻をはずす。

パスタとソースを合わせる

5　スパゲッティをゆで時間の5分前に4に入れ、たこも加えて混ぜながら煮る。水分が少なくなったら、ゆで汁をレードル1杯ずつ足し、アルデンテになるころに水分がスプーン約3杯残るようにする。

6　アルデンテになったら1のえびといか、4のムール貝とあさりの身、イタリアンパセリの葉を加え、オリーブオイル小さじ1を加えてマンテカトゥーラする。えびといかに火が通ったら、塩で味を調えて器に盛る。

冷凍のいかとえびを
使う場合は、作り方4で
アルコールを
飛ばした後に加えて
中火で煮込んでください。

Pasta con le Sarde
いわしのパスタ

シチリアでよく使われるレーズン×松の実のコンビに、いわしを加えたパスタ。
玉ねぎやレーズンを焦がさないように炒めて甘みを引き出します。

材料 | 2人分

スパゲッティ… 200g
いわし（三枚おろし・ひと口大に切る）
　　… 150g
EXVオリーブオイル
　　… 大さじ2 + ½（37.5㎖）
玉ねぎ（みじん切り）… 30g
レーズン … 20g
松の実 … 15g
塩 … 2g
マンテカトゥーラ用
　EXVオリーブオイル … 小さじ1
〈カリカリパン粉（モッリカータ）〉
　パン粉 … 10g
　EXVオリーブオイル
　　… 小さじ½（2.5㎖）
　塩 … ひとつまみ

美味しさの秘訣

パン粉をカリカリに炒
めることで、食感のア
クセントに！

余った松の実は、
レーズンと一緒に
クッキーに入れたり、
ミートボールに
混ぜても美味しいですよ！

作り方

カリカリパン粉を作る

1 フライパンにオリーブオイル小さじ½
を軽く熱してパン粉と塩を加え、弱火
で焦がさないようにじっくり炒める。き
つね色になったら皿などに取り出す。

ソースを作り、パスタをゆでる

2 鍋にたっぷりの湯を沸かし、湯1ℓに対
して塩8g（分量外）を加える。

3 フライパンにオリーブオイル大さじ2 +
½と玉ねぎを入れ、弱火で焦がさない
ように炒める。少し炒めたら、レーズン、
松の実を加えて1分弱炒める。

4 2の湯でスパゲッティをゆで始める。

5 3に4のゆで汁をレードル3杯加えて沸
騰させる。

パスタとソースを合わせる

6 5にいわしを皮目を上にして入れ、塩を
加えて中火で少し煮る。スパゲッティが
表示のゆで時間の5分前になったらフラ
イパンに移し、アルデンテになるまで混
ぜながら煮る。水分が少なくなったら、
ゆで汁をレードル1杯ずつ足し、アルデ
ンテになるころに水分がスプーン約3杯
残るようにする。

7 アルデンテになったら火を止め、オリー
ブオイル小さじ1を加えてマンテカトゥ
ーラし、器に盛って1をかける。

Pesto Genovese

| ペスト ジェノベーゼ |

材料 | 2人分

リングイネ … 200g
A | バジルの葉 … 30g
　　| 松の実 … 5g
　　| EXVオリーブオイル … 75mℓ（大さじ5）
　　| にんにく（薄切り）… 1g
　　| 冷水 … 40g
　　| 塩 … 2g
パルミジャーノ・レッジャーノ*（すりおろす）… 30g

* ペコリーノ・ロマーノや粉チーズで代用可。

作り方

ソースを作る

1　**A**はミキサーの容器に入れ、冷蔵庫で冷やす。十
　　分に冷えたらミキサーにかけ、パルミジャーノ・レ
　　ッジャーノを加えて軽く混ぜる。

パスタをゆでる

2　鍋にたっぷりの湯を沸かし、湯1ℓに対して塩6g
　　（分量外）を加え、リングイネをゆで始める。

3　フライパンに**2**のゆで汁をレードル2杯入れ、沸騰
　　させる。リングイネが表示のゆで時間の5分前にな
　　ったらフライパンに移し、アルデンテになるまで混
　　ぜながら煮る。水分が少なくなったら、ゆで汁をレ
　　ードル1杯ずつ足し、アルデンテになるころに水分
　　がスプーン約1杯残るようにする。

パスタとソースを合わせる

4　アルデンテになったら火を止め、フライパンを数回
　　あおって少し温度を下げる。**1**を一気に加えてマン
　　テカトゥーラし、器に盛る。

美味しさの秘訣

材料を冷やすだけで、鮮やかな緑色のバジ
ルソースに仕上がります。

材料がそろえられたら、実は簡単に作れるジェノベーゼ。
ペースト状にしやすいように、できるだけバジルはやわらかいものを。

すり鉢で作るとミキサーのようにたくさん作ることは
できないのですが、バジルに摩擦熱を与えること
なく、風味やうまみをそのまま残すことができます！

Linguine con Gamberetti

えびのリングイネ

殻付きのえびを使うと、出汁がよく出てより美味しくなります。
すりおろしたレモンの皮がさわやかな隠し味。

材料 | 2人分

リングイネ … 200g
えび（殻付き） … 160g（正味）
にんじん（細かく切る） … 20g
セロリ（細かく切る） … 20g
トマト（2cm角に切る） … 150g
EXVオリーブオイル
　　… 小さじ4（20mℓ）
白ワイン … 100mℓ
氷 … 250g
ディル … 2枝
塩 … 5g
マンテカトゥーラ用EXVオリーブオイル
　　… 小さじ1
仕上げ用ディルの葉（粗く刻む） … 1枝分
国産レモンの皮（すりおろす） … ½個分

国産レモンの皮は、黄色
い部分を使用します。

作り方

ソースを作る

1 えびは殻をむいて尾を取り、身は背ワタを取って2
～3等分に切り、ボウルに入れて冷蔵室に入れてお
く（頭付きの場合は頭も取り、出汁をとる際に苦み
やえぐみのもとになるヒゲと目を取り除く）。

2 **1**の殻と尾は臭みが強ければ水で軽くすすぎ、水気
をきる。オリーブオイル小さじ4を入れた鍋に加え
て中火にかけ、水分が飛んで香ばしい香りがするま
で炒める。

3 **2**ににんじん、セロリを加えてしんなりするまで炒
め、白ワインを加える。アルコール分が飛んだらト
マトを加えて少し炒め、ひたひたになるくらいの水
（約200mℓ）、氷、ディルを加え、沸騰したら弱火
にして30分煮る。途中でアクが出たら取り除く。

4 **3**を目の細かいざるやストレーナーでこす。

パスタをゆでる

5 鍋にたっぷりの湯を沸かし、湯1ℓに対して塩8g
（分量外）を加え、リングイネをゆで始める。

ソースを仕上げ、パスタと合わせる

6 フライパンに**4**のソースと塩を入れて沸騰させ、え
びの身を加える。

7 リングイネを表示のゆで時間の半分ゆでたら**6**に
加えて混ぜながら煮て、アルデンテになるころに水
分がスプーン約3杯残るようにする。

8 アルデンテになったら火を止め、オリーブオイル小
さじ1、仕上げ用のディルの葉、レモンの皮を加え
てマンテカトゥーラし、器に盛る。

美味しさの秘訣

えびの殻で出汁をとるから、
香り豊かでうまみも濃厚。

ソーセージときのこの組み合わせはイタリアでは伝統的。
オリーブオイルよりバターのほうが相性がよく、まろやかな味になります。

Linguine Salsiccia e Funghi

｜ソーセージときのこのリングイネ｜

材料｜2人分

リングイネ … 200g
生ソーセージ* … 100g
しいたけ（5mm幅の薄切り）… 130g
バター … 40g
タイム**（葉を摘む）… 2枝
パルミジャーノ・レッジャーノ***
　（すりおろす）… 30g
マンテカトゥーラ用バター
　（小さくちぎる）… 20g

* 豚ひき肉、パンチェッタ、ベーコ
　ンなどで代用可。豚ひき肉を使う
　場合、作り方3で塩1gを加える。
** イタリアンパセリで代用可。
*** ペコリーノ・ロマーノや粉チー
　ズで代用可。

美味しさの秘訣

口当たりがよくなるように、
ソーセージは皮をはがしま
す。

作り方

下準備

1　鍋にたっぷりの湯を沸かし、湯1ℓに対して塩8g（分量
　外）を加える。

2　生ソーセージは皮を取り除き、手でひと口大にちぎる。

ソースを作り、パスタをゆでる

3　フライパンにバター40gを溶かし、生ソーセージを焼き
　色がつくまでさわらずに焼く。しいたけを加え、中火で
　しっかり炒める。

4　1の湯でリングイネをゆで始める。

パスタとソースを合わせる

5　3に4のゆで汁をレードル4杯加えて沸騰させ、リング
　イネを表示のゆで時間の5分前に加え、混ぜながら煮る。
　水分が少なくなったら、ゆで汁をレードル1杯ずつ足し、
　アルデンテになるころに水分がスプーン約3杯残るよう
　にする。

6　リングイネがアルデンテになったら火を止め、タイムの
　葉、パルミジャーノ・レッジャーノ、バターを加えてマ
　ンテカトゥーラし、器に盛る。

4種のチーズのうち2種は、
火を通しすぎないように後から投入。
なめらかなチーズソースには、
多めのイタリアンパセリが相性抜群。

Fusilli ai Quattro Formaggi
｜クアットロフォルマッジ｜

材料｜2人分

フジッリ* … 200g
A｜生クリーム … 200g
　｜ゴルゴンゾーラ … 60g
　｜タレッジョ … 60g
パルミジャーノ・レッジャーノ** (すりおろす)
　… 20g
ペコリーノ・ロマーノ (すりおろす) … 20g
イタリアンパセリの葉*** (粗くちぎる) … 4枝

　* ほかのショートパスタで代用可。
** 粉チーズで代用可。
*** パセリの葉少々で代用可。

作り方

パスタをゆでる

1 鍋にたっぷりの湯を沸かし、湯1ℓに対して塩8g (分量外) を加え、フジッリをゆで始める。

ソースを作る

2 フライパンに**A**を入れ、溶かしながら沸騰させる。

パスタとソースを合わせる

3 フジッリがアルデンテになったら**2**に加えて混ぜながら煮る。パルミジャーノ・レッジャーノ、ペコリーノ・ロマーノ、イタリアンパセリの葉を加えてマンテカトゥーラし、器に盛る。

Ragù di Maiale
| カラブリア風豚のラグー |

豚肉をさわらずに焼くことでうまみを閉じ込めます。
さらにフライパンについた焦げ目を生かして、肉の味が凝縮したソースに。

材料 | 2人分

リガトーニ* … 200g
豚肩かたまり肉（脂少なめのもの・
　4cm角に切る）… 200g
玉ねぎ（1cm角に切る）… 120g
EXVオリーブオイル
　… 大さじ2＋½（37.5mℓ）
サラダ油 … 小さじ1
赤ワイン … 40mℓ
フェンネルシード（刻む）… 1g
塩 … 3g
赤唐辛子 … 2本（お好みで）
A｜ホールトマト（ヘタを取って
　　軽くつぶす）… 400g
　｜ローリエ … 2枚
　｜水 … 200mℓ

＊ ほかのショートパスタで代用可。

美味しさの秘訣

フェンネルシードは刻
むことで、風味が豊か
になります。

作り方

ラグーソースを作る

1 鍋にオリーブオイルと玉ねぎを入れ、中火で焦がさ
ないように炒める。

2 フライパンにサラダ油をしっかり熱し、十分に温ま
ったら豚肉を入れて強火で焼く。水分が流出しない
ように焼き色がつくまではさわらずに焼き、全面が
しっかり焼けたら **1** に加える（煮込むので、肉の中
は半生でもよい）。

3 **2** のフライパンに赤ワインを入れて火にかけ、フラ
イパンについたうまみをへらでこそげて沸騰させ、
アルコール分を飛ばし、**2** の鍋に加える。

4 フェンネルシード、塩、赤唐辛子を加えて軽く炒め、
A を加えてふたをし、弱火で1時間半以上煮込む。

パスタをゆでる

5 鍋にたっぷりの湯を沸かし、湯1ℓに対して塩8g
（分量外）を加え、リガトーニをゆで始める。

パスタとソースを合わせる

6 フライパンに **4** を入れて沸騰させ、**5** が表示のゆで
時間の5分前になったら引き上げて加える。混ぜな
がら煮て、途中で水分が足りなくなったら、ゆで汁
をレードル1杯ずつ足し、アルデンテになるころに
ソースが軽く煮詰まっているようにする。

7 リガトーニがアルデンテになったら火を止め、マン
テカトゥーラして器に盛る。

カラブリアの人はラグーを煮込んだ後、
肉だけ取り出してメインとして食べます。
そして残ったソースとパスタを
マンテカトゥーラ！

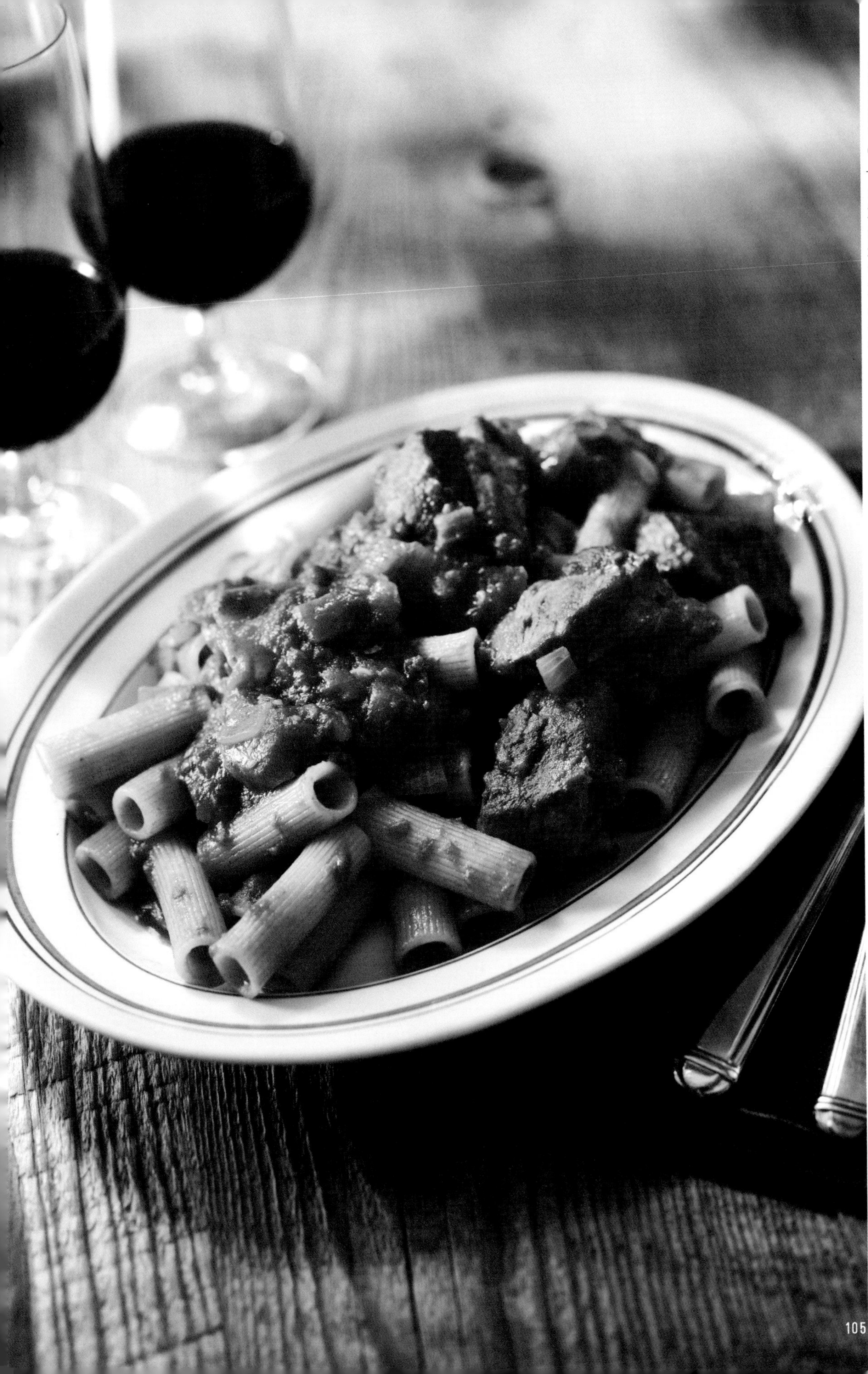

Rigatoni Salsiccia e Broccoli

ソーセージと ブロッコリーのパスタ

ソーセージのうまみを生かすために、シンプルな塩味で。
フェンネルシードとチーズで味に変化をつけ、
パスタはリガトーニを使って食べごたえを出します。

材料 │ 2人分

リガトーニ* … 200g
生ソーセージ** … 120g
ブロッコリー（食べやすく切る）
　… 120g
EXVオリーブオイル
　… 小さじ5（25mℓ）
フェンネルシード（刻む）… 1g
塩 … 2g
パルミジャーノ・レッジャーノ***
　（すりおろす）… 15g

　* ほかのショートパスタで代用可。
　** 粗めの豚ひき肉で代用可。その
　　場合は塩を3gにします。
　*** ペコリーノ・ロマーノや粉チ
　　ーズで代用可。

作り方

パスタをゆでる・下準備

1 鍋にたっぷりの湯を沸かし、湯1ℓに対して塩8g（分量外）を加え、リガトーニをゆで始める。

2 生ソーセージは皮を取り除き、手でひと口大にちぎる。フライパンにオリーブオイルを熱し、生ソーセージを中火でしっかり炒める。焼き色がつくまでさわらない。

3 リガトーニを表示のゆで時間の半分ゆでたら、ブロッコリーを加えてゆでる。

ソースを作る

4 2にフェンネルシード、塩を加え、3のゆで汁をレードル2杯加えて沸騰させる。

パスタとソースを合わせる

5 3を表示のゆで時間の3分前に4に加え、混ぜながら煮て、アルデンテになるころに水分がスプーン約4杯残るようにする。

6 アルデンテになったら火を止め、パルミジャーノ・レッジャーノを加えてマンテカトゥーラし、器に盛る。

Ragù Genovese

ナポリの玉ねぎの
ジェノベーゼ

豚肉は焼き色をつけてから塩をふることで、水分の流出を防ぎます。
玉ねぎをふんだんに使ったトロトロのソースは格別。

材料｜2人分

リガトーニ*…200g
豚肩かたまり肉（脂少なめのもの・
　4〜5cm角に切る）…300g
にんじん（5mm角のみじん切り）…50g
セロリ（5mm角のみじん切り）…50g
玉ねぎ（縦に薄切り）…800g
EXVオリーブオイル…小さじ5（25mℓ）
白ワイン…100mℓ
塩…2g
粒黒こしょう（すりつぶす）…2g
パルミジャーノ・レッジャーノ**
　（すりおろす）…40g

　* ペンネなどのショートパスタで代用可。
**ペコリーノ・ロマーノや粉チーズで
　代用可。

美味しさの秘訣

玉ねぎ800g（約4個分）
を半量以下になるまで
煮込むことで、甘くて
トロトロのソースに。

煮込んだ豚肉はそのまま
メイン料理として
食べられます。
お試しください！

作り方

ジェノベーゼを作る

1 鍋にオリーブオイルを入れて火にか
け、豚肉を入れ、中火で焼き目をし
っかりつけながら焼く。出てくる脂
が多ければ少し取り除く（残る油は
大さじ3が目安）。

2 肉の全面にしっかり焼き色がついた
ら塩を加え、一度弱火にして白ワイ
ンを加える。再び中火にして沸騰さ
せ、アルコール分を飛ばす。

3 鍋底についた肉のうまみ（焦げの手
前のもの）をへらでこそげ、にんじ
ん、セロリ、玉ねぎを加えてふたを
し、玉ねぎがきつね色になるまで弱
火で30分煮る。ふたを取り、鍋底
に焦げつかないように混ぜながらさ
らに30分煮る。

パスタをゆでる

4 別の鍋にたっぷりの湯を沸かし、湯
1ℓに対して塩8g（分量外）を加え、
リガトーニをゆでる。

パスタとソースを合わせる

5 フライパンに**3**を入れて沸騰させる。
リガトーニがアルデンテになったら、
湯をきって加え、黒こしょう、パル
ミジャーノ・レッジャーノを加えて
軽く混ぜ、器に盛る。

基本の手打ちパスタ

生地をこねるのも、のばすのも楽しい手打ちパスタ作り。
卵風味でしっとりしていて、口当たりのよさやモチモチ感が乾燥パスタとは違います。
パスタマシンがなければ、生地を麺棒でのばして包丁で切っても大丈夫。
ちょっと大変ですが、トライする価値ありの美味しさですよ。

| 材料 | 約400g分 |

薄力粉 … 250g
セモリナ粉（薄力粉で代用可）… 40g
全卵 … 2個（115g）
卵黄 … 4個分（50g）
塩 … 1g

| 作り方 |

1 清潔な台に薄力粉と
セモリナ粉をのせて
手で混ぜる。

2 **1**の中心にくぼみを
作って全卵、卵黄、
塩を入れ、フォーク
で中心に近い部分か
ら粉になじませるよ
うに混ぜていく。

3 だいたい混ざったら、
手で10分こねる。
台にくっつくときは
軽く打ち粉（セモリ
ナ粉で）をする。

4 生地がひとつにまとまり、指で押すとゆっくり戻ってくる状態になったら、ラップに包んで冷蔵室で30分以上寝かせる。

5 **4**のラップをはずして半分に切り、パスタマシンに入る大きさの長方形にのばし、メモリ1（いちばん厚い）から2、3と順にのばしていく。

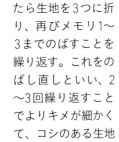

6 メモリ3までのばしたら生地を3つに折り、再びメモリ1〜3までのばすことを繰り返す。これをのばし直しといい、2〜3回繰り返すことでよりキメが細かくて、コシのある生地が作れる。

7 **6**の生地をメモリ4で1回のばし、メモリ5で2回のばす。手が透けて見えるくらい生地が薄くなったら、長さ約26cm（スパゲッティと同じくらい）に包丁で切り、パスタマシンに付属のアタッチメントを使って好みの太さに切る（または折りたたんで包丁で切る）。

※すぐに使わない場合はラップに包んで冷凍用ポリ袋に入れて冷凍。約1か月保存可。

● タリアテッレ（写真左上）を作る場合
　…1cm幅にカット。きのこのソースと合う。
● パッパルデッレ（写真右上）を作る場合
　…1.5cm幅にカット。ラグー系のソースと合う。
● フェットチーネ（写真左下）を作る場合
　…1.2cm幅にカット。クリーム系のソースと合う。
● タリオリーニ（写真右下）を作る場合
　…0.3cm幅にカット。甲殻類のソースと合う。

マクリ マルコ

イタリア生まれ、日本在住。
14歳のときにイタリアのカラブリア州のレストランで働き始め、その後料理専門学校を卒業。18歳でアルトアディジェ州の一つ星レストラン、21歳でナポリの二つ星レストランで働き、22歳で来日。
2020年からYouTubeチャンネル「きょう何たべよ／Marco Macri」を開始し、登録者数は25万人（2023年1月現在）。
通称マルちゃん。趣味は落語鑑賞と、妻に大喜利を披露すること。

二つ星イタリアン元料理人のいちばん美味しいパスタの作り方

2023年3月1日　初版発行

著者　マクリ マルコ
発行者　山下 直久
発行　株式会社KADOKAWA
〒102-8177 東京都千代田区富士見2-13-3
電話 0570-002-301（ナビダイヤル）

印刷所／凸版印刷株式会社

ISBN 978-4-04-606104-1　C0077